DIE ANATOMIE DES SCHICKSALS

Johannes Huber:
Die Anatomie des Schicksals

Alle Rechte vorbehalten
© 2019 edition a, Wien
www.edition-a.at

Cover und Gestaltung: Isabella Starowicz
Lektorat: Thomas Schrems

Gesetzt in der *Ingeborg*
Gedruckt in Deutschland

3 4 5 6 7 — 23 22 21 20 19

ISBN 978-3-99001-326-7

JOHANNES HUBER

Die Anatomie des Schicksals

Was uns lenkt

Aufgezeichnet von
Andrea Fehringer und Thomas Köpf

edition a

»Ich habe das Gestern gesehen,
ich kenne das Morgen.«
(Inschrift am Totenschrein
Tut-anch-Amuns)

Inhalt

Was Sie erwartet, **9**

Das Wunder des wandelbaren Schicksals, **13**

Es sind nicht die Gene, **29**

Das Substrat des Schicksals, **51**

Das magische Immunsystem, **87**

Die Stunde Null des Schicksals, **101**

Die Prägung des Embryos, **117**

Die schicksalhaften ersten Monate, **145**

Schicksalsmacht Pubertät, **157**

Unser Gesicht sagt alles, **197**

Was können wir tun? **229**

Was Sie erwartet

Claudia, Pressesprecherin meines Verlages, erinnert sich an Kaffeelöffel in der Küchenlade ihrer Mutter, auf denen die Initialien F. E. standen. Manchmal fragte sie sich, wem die gehörten, aber die Antwort darauf war ihr dann auch wieder nicht wichtig genug, um sich bei ihren Eltern danach zu erkundigen.

Schließlich interessierte sich Claudia als Kind für ganz andere Dinge als für Küchenutensilien. Vor allem für Jazzdance. Sie belegte Kurse, ohne dass ihre Eltern sie extra dazu ermutigen mussten. Später ging sie zum Ballett, und als sie von einem besseren Kurs hörte, der weiter entfernt war, wollte sie da hin.

Die Familie hatte nur ein Auto, mit dem der Vater beruflich unterwegs war, und Claudia hatte noch einen kleinen Bruder, weshalb ihre Mutter zögerte. »Wenn du in diesen Kurs willst, musst du zu Fuß gehen«, sagte sie. Claudia war das egal. Einmal die Woche ging sie unbekümmert die drei Kilometer hin und wieder zurück.

Nach ihrem Studium der Verlagswissenschaften in Rom arbeitete die frisch gebackene Dottoressa eine Weile bei einem Medienunternehmen in Dublin, doch nach einem halben Jahr gab sie den Job wieder auf. Einer der Gründe: Sie konnte dort nicht tanzen. Die wenigen Angebote, die es gab, waren teuer. Es war kein Drama für sie, aber da fehlte etwas. Tanzen gehörte einfach zu ihr.

Als sie nach Wien kam, entdeckte sie, den Traditionen der Stadt entsprechend, den Paartanz für sich. Und natürlich weiß sie längst, was die Initialen F. E. bedeuten, die sie mit der Zeit nicht nur auf Kaffeelöffeln, sondern auch auf allem möglichen Besteck und Geschirr im elterlichen Haushalt entdeckte. Es waren die Initialien der Wienerin Fanny Elßler, die von 1810 bis 1884 lebte und als Tänzerin Weltruhm erlangte. Sie war eine Vorfahrin Claudias in der mütterlichen Linie.

Gene?

Eher nicht.

In diesem Buch werden Sie erfahren, dass Ihrem Schicksal, das Sie bisher vielleicht für gottgegeben oder vom Zufall oder Ihren Genen bestimmt hielten, biologische Prozesse zugrunde liegen. Prozesse, die moderne Wissenschaften wie die evolutionäre Entwicklungsbiologie zunehmend erforschen, und die Ihr Bild von sich selbst, von Ihren Mitmenschen und von ganzen Gesellschaften und Kulturen verändern werden.

Sie werden zum Beispiel lesen, dass es schicksalhaft prägend für Sie war, was Ihre Vorfahren, auch solche, die Sie nie kennengelernt haben, so den ganzen Tag getrieben haben, wie sie gelebt, gedacht und gefühlt haben. Dass Ihre Eltern vielleicht Mut oder auch Angst auf Sie übertragen haben. Sie werden verstehen, warum manche Kinder als kleine Sonnenscheine zur Welt kommen, während andere vom ersten Tag an in sich gekehrt sind. Sie werden sehen, welche Rolle dabei die Umwelt spielt, warum Liebe stärker ist als die DNA oder wie, medizinisch gesehen, Gedanken zu Worten, Worte zu Taten und Taten zu Schicksal werden.

Sie werden auch einen Eindruck davon bekommen, warum es, nüchtern biologisch betrachtet, über Ihr eigenes Leben hinaus wirkt und Wellen in der Zukunft schlägt, wenn Sie an sich arbeiten. Und Sie werden eine naturwissenschaftliche Erklärung für das Phänomen lesen, das der Volksmund als »Fluch« kennt: Es ist tatsächlich möglich, dass etwas, das aus der Vergangenheit kommt, durch Ihr Leben spukt.

Sie werden dabei erkennen, dass Ihr Schicksal niemals festgelegt ist, dass immer alles in Bewegung ist, in Entwicklung, und dass Sie diese Entwicklung zu Ihrem eigenen Vorteil und zu dem Ihrer Kinder beeinflussen können.

Ich glaube und hoffe, dass Sie wie ich das Bedürfnis haben werden, dieses Wissen an andere weiterzugeben. Denn es zeigt auf naturwissenschaftlicher Ebene, wie wichtig unser Respekt vor der Natur, vor unseren Mitmenschen und vor uns selbst wirklich ist, und macht mit revolutionären neuen Einblicken in das Wesen Mensch toleranter gegenüber der Vielfalt dessen, was Menschsein bedeuten kann.

Johannes Huber
Oktober 2019

Das Wunder des
wandelbaren Schicksals

Wir sehen den Planeten von oben, aus dem Weltraum.

Ein blauer Ball, umgeben von der Schwärze des Kosmos. Alles wirkt vertraut. Der Ozean, die Kontinente, orangerote und ockerfarbene Erdmassive. Wolkenströme, die wie watteweiße Schlieren über das saphirblaue Meer ziehen. Deutlich erkennbare Wetterphänomene. Der Planet hat eine Atmosphäre. Das Klima ist angenehm mild. Jemand könnte hier wandern oder segeln, am Strand liegen und ein Buch lesen oder nachts hinaufschauen und die Sterne zählen. Dort glitzern Millionen Solitäre auf schwarzem Samt. Die Luft ist rein und frisch in dieser Welt. Fantastisch klar.

Der Planet ist nicht die Erde.

Es ist die Venus.

Vor zwei Milliarden Jahren.

Michael Way und seine Kollegen vom *Goddard Institute of Space Studies* bei der NASA rekonstruierten das Bild in einer Klimasimulation, ausgehend von den Daten der Pioneer-Sonde und der Magellan-Mission. Wasser, Berge, Seen, ein globaler Ozean. Die paradiesischen Bedingungen lassen vermuten, dass es damals auch Leben auf der Venus gab. Und dann, vor 750 Millionen Jahren und ein paar Tagen, war es aus.

Die Venus verwandelte sich in einen Höllenplaneten mit extrem dichter Kohlendioxid-Atmosphäre und einer durchschnittlichen Temperatur von plus 460 Grad. Dort wandert, segelt oder liegt es sich nicht mehr so fein am

Strand. Touristen verdampfen nicht gerne, wenn sie eine Woche all-inclusive buchen.

Als interstellares Prachtexemplar musste die Venus ihre Vormachtstellung aufgeben, und ein anderer Stern in unserem Sonnensystem übernahm dieses Los. Die Erde.

Das Schicksal hat so entschieden. Oder ein Weltenbaumeister, der sich architektonisch neu orientieren wollte. Der seinen Fokus auf etwas anderes gerichtet hat. Pech für die Venus, Glück für uns.

Oder nehmen wir die Dinosaurier. Millionen von Jahren herrschten sie über die Erde. Vor rund 65 Millionen Jahren kam ihr Schicksal in Form eines Asteroiden, der im Golf von Mexiko niederging. Sein Einschlag änderte das Klima weltweit. Es wurde eiskalt auf der Erde. Ein Massensterben unter Dinosauriern und zahlreichen anderen Arten begann. Ihr Schicksal war besiegelt.

Das Schicksal, möchte man meinen, ist gnadenlos, willkürlich und unerbittlich, und alles Leben ihm weitgehend wehrlos ausgeliefert. In Wahrheit gibt es zwei Arten davon. Das tatsächlich unabwendbare Schicksal. Und das wandelbare.

Es gibt Schicksalsschläge, vor denen können wir uns nicht schützen. Sie krachen mitten ins Leben hinein. Sie treffen uns unausweichlich, es gibt kein Entrinnen. Und es gibt Schicksale, die wir in die Hand nehmen können, die sich sehr wohl ändern lassen. Wir können sie im Voraus in die richtige Spur bringen und sie lenken.

Das ist die gute Nachricht.

Eine tröstliche Erkenntnis.

Eine Antwort auf die Frage nach dem Sinn des Lebens.

Der Mensch kann dem Schicksal ins Lenkrad greifen, das Ziel neu definieren und die Reiseroute bestimmen. Es funktioniert, und dieses Buch wird zeigen, was dazu beitragen kann. Wie nicht nur das Schicksal uns einen Wink geben kann, sondern auch wir ihm.

Es wird auch um den Unterschied zwischen Aktiv und Passiv gehen. Zwischen warten auf bessere Zeiten oder einen Weg dorthin suchen und losgehen. Zwischen hoffen, dass alles gut geht, oder selbst etwas dazu beitragen. Das Wissen, das wir dazu brauchen, wächst täglich, immer mehr davon bringt die moderne Wissenschaft ans Tageslicht. Der Damm ist bereits gebrochen, die Forschung arbeitet im Akkord. Je mehr Zusammenhänge sie zeigt, desto eher können wir unser Schicksal selbst gestalten.

Einfach ist die Erforschung des Schicksals nicht und sie braucht Geduld. Denn es wäre müßig, das Schicksal an einzelnen Punkten im Lebenslauf eines Menschen, einer Kultur, einer Spezies oder eines ganzen Planeten festzumachen. Es bereitet sich vielmehr vor. Langsam, als läge es auf der Lauer. Das Schicksal bereitet sich immer vor. Letzten Endes durch das, was wir denken und tun. Das ist ein wichtiger Grundgedanke dieses Buches.

Anscheinend gibt es immer Myriaden von Möglichkeiten, hierhin abzuzweigen oder dorthin wegzudriften.

Mehrdimensionale Verschiebungen, parallele Verwerfungen, unendlich viele Varianten, bis einem schummrig wird vor Augen. Weil jede Frage zehn weitere Fragen aufwirft. Wenn das passiert ist, muss dann nicht jenes eintreten? Und wenn jenes eintritt, muss dann nicht dieses stattfinden? Und wenn dieses stattfindet, ist dann nicht alles ganz anders? Ein Webteppich unendlicher Verknüpfungen.

Doch hinter all dem werden Muster erkennbar. Biologische Muster, eine Anatomie unseres Schicksals. Die Wissenschaft entdeckt, was uns unmerklich lenkt. Uns, die wir hochmütig glauben, unsere Entscheidungen frei zu treffen und die Abzweigungen in unserem Leben selbstbestimmt zu wählen. Und die Wissenschaft zeigt auch, was wir tun können, um diese lenkenden Kräfte zu unserem eigenen Vorteil und zu dem des Planeten einzusetzen. Und was wir tun können, um letztlich die Evolution selbst zu steuern.

Die schwindende Macht des Schicksals

Dennoch müssen wir zunächst den Begriff Schicksal klären, was eine Geschichtsbetrachtung erfordert: Was war früher das Schicksal? Oder: Was haben die Menschen früher als Schicksal gesehen?

Aus dem Blick eines Mediziners lässt sich das an vielen Beispielen zeigen. Denn für die Betroffenen sind Schicksalsschläge meistens Attacken gegen die

Gesundheit, schwere Erkrankungen, der Tod. So sehen es die Menschen. Die Wissenschaft aber hat gerade in diesem Bereich vieles getan, um das unabwendbare Schicksal zu einem wandelbaren zu machen.

Gehen wir zurück im Kalender der Jahrhunderte. Wir halten im Mai 1349, als in Florenz die Pest zu wüten begann. Schicksal.

Die Menschen starben, oder sie starben nicht. Im Mittelalter war die Pest eine Geißel des Schicksals. Todbringend, unausweichlich.

Und dann eliminierte die Wissenschaft dieses Schicksal. Heute muss niemand mehr an der Pest sterben. Weil die Medizin die Möglichkeit geschaffen hat, dieses Schicksal zu verändern. Einzugreifen. Mit neuem Wissen eine Alternative zu schaffen, wo keine war.

Oder nehmen wir den Tod durch das Kindbettfieber. In welcher Klinik werde ich entbinden? Das war in Wien einmal die alles entscheidende Frage. So einfach konnte es sich das Schicksal machen. Denn es gab nur zwei Möglichkeiten: die erste oder die zweite Frauenklinik. Die Antwort entschied über Leben und Sterben.

Wenn Frauen in der ersten Frauenklinik entbanden, war ihr Risiko groß, dem Kindbettfieber zu verfallen. Der Tod kam auf diese Weise damals schicksalhaft. Wenn sie ihr Kind in der zweiten Frauenklinik bekamen, dort, wo es keine Studenten gab, die vor ihrer Assistenz bei einer Geburt Leichen seziert hatten, dann waren sie gerettet.

In welche Klinik eine Frau kam, entschied bloß das Datum. An geraden Tagen kamen die Schwangeren in die zweite und an ungeraden in die erste Klinik. Manche Frauen unternahmen selbst in den schlimmsten Wehen noch alles, um die Geburt den einen, lebenswichtigen Tag hinauszuzögern. Nummer zwei war Nummer sicher, damit zogen sie das Los des Lebens. Nummer eins war der Weg in den Tod. Wer in der ersten Klinik landete, betete, dass das Ende, wenn schon, dann schnell kommen möge.

Heute gibt es auch dieses Schicksal nicht mehr. Das Kindbettfieber hat seinen Schrecken verloren. Die Medizin kann es heilen, sofort, mit einem einzigen Antibiotikum. Die moderne Medizin hat dabei nicht nur diese alte Schicksalhaftigkeit eliminiert, sondern auch den Glauben an die mörderische Willkür höherer Mächte, der sich darum rankte.

Schicksalhaft war früher auch eine simple Neurotransmitterstörung im Gehirn. Besessenheit, bis hin zur teuflischen, dämonischen lautete dann die Diagnose, Exorzismus, Narrenturm oder Scheiterhaufen waren die Folge. Heute reicht ein einziges Dragee, und der Wahn verliert seinen Sinn, der Dämon wird obdachlos.

So vieles scheint noch immer schicksalhaft, gottgegeben, oder vom Zufall oder den Genen bestimmt zu sein. Das Schicksal, es durchzieht unser aller Leben noch immer als scheinbar unverfügbare Gewalt.

Doch wie lange noch?

Wir als Menschheit sind dabei, die größten aller Rätsel zu lösen. Wie funktioniert Schicksal? Wie entsteht es? Wie gestalten wir es möglichst effizient neu?

Wir beschreiten bei der Klärung dieser Fragen Wege, auf denen ethische Hürden stehen. Dürfen wir das noch? Tut uns das überhaupt gut? Ist es, um nur ein Beispiel zu nennen, in Ordnung, mit den neuen technischen Hilfsmitteln der Reproduktionsmedizin Körper und Geist von Ungeborenen zu designen und ihr Schicksal mit unheimlicher Präzision vorzubereiten?

Jeder Eingriff, jeder Zugriff auf das Schicksal, so viel ist klar, hat Konsequenzen. Gute, schlechte, wer weiß das schon immer so genau. Es ist, als würden wir an Rubiks Würfel drehen oder gegen einen japanischen Go-Meister spielen. Jeder Zug bedingt etwas. Jeder Zug ist wichtig. Jeder Zug entscheidet, was acht Züge später geschieht, und damit entscheidet er irgendwann das ganze Spiel.

Doch die Anatomie des Schicksals, sie zeigt auch sanfte Möglichkeiten, einzugreifen. Möglichkeiten für jeden Einzelnen von uns, die mit der Natur und mit der Spezies Mensch im Einklang stehen, die diesen Einklang sogar verlangen.

Doch bleiben wir zunächst noch ein wenig bei der Geschichtsbetrachtung.

Es gab bei allem in der Geschichte des Schicksals verbreiteten Fatalismus auch immer schon Denkrichtungen, die Schicksal nicht einfach hinnehmen wollten, die eine

Vermutung äußerten: Vielleicht kann man ja doch etwas machen. Der Zweifel am Determinismus und der Glaube an die aktive Veränderung hat eine jahrtausendealte Geschichte.

Die Antike konzentrierte sich dabei auf Schicksalsschläge des Einzelnen.

Ich. Kann. Etwas. Tun.

Das war eine Denkmöglichkeit.

Oder eben nicht.

Das war auch eine.

Die Oder-eben-nicht-Variante können wir bei Ödipus oder Odysseus nachlesen, die ein schicksalhaftes Fatum vorhergesagt bekamen. Die Weissagung der Sphinx für Ödipus war: »Du wirst deinen Vater ermorden und deine Mutter heiraten.« Und tatsächlich, was immer er tat, da fuhr die Eisenbahn drüber, es kam genau wie vorhergesagt.

Ähnlich bei Odysseus. Die düstere Vorhersage lautete: »Wenn deine Krieger die heiligen Kühe des Gottes sowieso schlachten, dann wirst du nur alleine und unter großen Opfern wieder Hellas erreichen.« Und prompt, so war es. Odysseus' Krieger bemühten sich zwar redlich, die Kühe nicht zu schlachten, aber sie waren auf der Insel des Sonnengottes Helios gestrandet und hatten so furchtbaren Hunger, dass die Rindviecher letzten Endes dran glauben mussten.

Die Botschaft beider Geschichten lautet: Was kommen soll, kommt. Von oben. Egal, was du tust. Du kannst rennen in deinem Hamsterrad, zappeln in deinem Käfig oder meditieren für bessere Tage. Tja, Pech, das Drehbuch ist längst geschrieben.

Doch schon in der Antike gab es eben auch einen anderen Blickwinkel.

Da wären zum Beispiel die Moiren, drei Frauen, fürs Schicksal zuständig. Obwohl die wirklichen Götter allesamt Männer waren, waren die Schicksalsgöttinnen immer Frauen. Sie vereinen Geburt und Tod.

Die drei Moiren bestimmen über das Leben aller Menschen. Klotho, die Spinnerin. Sie ist es, die unseren Lebensfaden spinnt. Lachesis, die Zuteilerin, misst diesen Lebensfaden und verteilt das Lebenslos. Atropos, die Unerbittliche, schneidet den Lebensfaden ab.

Ihre Attribute sind die Spindel, das goldene Messer und eine Wasserschale, aus der sich die Zukunft lesen lässt.

Sogar Götter sind in der griechischen Mythologie dem Wirken der Moiren unterworfen. Nicht einmal Zeus, der Göttervater, kann ihnen hineinpfuschen und ihre Entscheidungen widerrufen.

Doch was die Moiren bestimmen, lässt immer Raum für schicksalhafte menschliche Entscheidungen. Ein Mensch kann sich zum Beispiel durch Unvermögen oder Leichtsinn in Gefahr bringen. Dann schicken die Moiren ihm warnende Gedanken. Er hört dann dieses »Obacht!«. Wir haben ein paar Begriffe dafür: Innere Stimme. Gewissen. Stimme des Herzens. Diesen Warnungen zu folgen, ist existenziell wichtig. Wer es nicht tut, verschuldet möglicherweise sein weiteres Schicksal selbst.

Die Moiren haben den Menschen mit der inneren Stimme einen Kompass gegeben, mit dem sie ihr Schicksal selbst zum Guten lenken können.

Was vom Schicksal bleibt

Die Moderne nimmt das Schicksal nun weit darüber hinaus in die eigene Hand. Sie nimmt dem Schicksal das Geheimnisvolle. Jede Entdeckung, jede Erfindung lüftet den Vorhang der Unkenntnis ein bisschen weiter und befreit uns von der Angst vor kosmisch gesteuerter Unbill.

Die nächsten Kapitel zeigen, wie die Wissenschaft dabei bis in die dunkle DNA vorstößt, in jene DNA, die wir in uns tragen, so wie der Weltraum dunkle Materie in sich trägt. Doch was wird damit am Ende aus dem Schicksal? Brauchen wir das Wort dann überhaupt noch?

Was die Moderne noch nicht in den Griff zu bekommen scheint, sind Schicksalsschläge, die von der Umwelt ausgehen. Vom Klimawandel zum Beispiel. Zwar wäre hier klar, was zu tun ist, doch zu groß scheint die Aufgabe zu sein.

Denn hier gilt es im Grunde, ein Phänomen zu behandeln, das der Philosoph Peter Sloterdijk so beschreibt: »Es werden in den Menschenkörpern der wohlhabenden Hemisphären ständig mehr Fettreserven aufgebaut, als durch Bewegungsprogramme und Diäten abzubauen sind.

Es werden weltweit mehr Abfälle aus Konsum, Freizeit, Reisen und gesellschaftlichen Lebensformen generiert, als sich in absehbarer Zeit im Recycling-Prozess resorbieren lassen. Es werden im Gang der Liberalisierung mehr Hemmungen fallen gelassen, als durch Hinweise auf frühere Zurückhaltung und neue Fairnessregeln domestiziert werden könnten.«

Die Gier, so scheint es, bleibt schicksalhaft.

Und es gibt noch mehr Schicksalhaftes, dem wir uns anscheinend nicht entziehen können: zum Beispiel die schicksalhafte Veränderung der Zeit.

»Ob einer Persönlichkeit Raum gelassen wird, entscheidet allein das Zeitalter, in das sie geboren wird. Man kann zu früh, aber auch zu spät zur Welt kommen. Die Epoche, in die wir hineingeworfen sind, hämmert und meißelt uns«, formulierte der Wiener Jurist und Autor Tassilo Wallentin einmal.

Vor vierzig Jahren wäre Donald Trump nicht US-Präsident geworden, heißt das zum Beispiel. In zwanzig Jahren würde Angela Merkel nicht mehr frohgemut in die Hände klatschen und versprechen: »Wir schaffen das!« Die Beatles würden heute keine Castingshow gewinnen.

Das nächste Zeitalter drängt bereits vor und es wird wieder andere Schicksale formen. Es richtet sich auf eine quasi neue planetarische Ordnung aus. Die Klassifizierung Mann und Frau soll in einer neuen Weltordnung nicht mehr gelten. Hochgepriesen wird der globale Uniformismus.

Alles will gleich sein.

Es kommt mit der Angleichung der Geschlechter zur Veränderung von Reproduktion und Fortpflanzung. Es gab schon die Forderung nach einer künstlichen Gebärmutter, um den Unterschied zwischen Mann und Frau auszulöschen. Es kommt zur Einebnung von Ethnien und Hierarchien. Zu einer schulischen Freigabe der beliebigen und nachhaltlosen Sexualität – jeder möge penetrieren, wen er, sie oder es will.

Es kommt zu einer Veränderung der Werte. Zu einer neuen Spiritualität. Zu einem elektronischen Exhibitionismus. Zu einem überbordenden Narzissmus, einer Folge von grassierend falsch verstandener Kindesliebe, ja geradezu Kindesanbetung von Frauen und Männern, die nur noch als Helikoptereltern alles richtig zu machen glauben.

Doch wie schicksalhaft sind solche Zeitenwenden wirklich?

Wohl in jedem Fall schicksalhaft ist das immer höhere Tempo, mit dem alle damit verbundenen Änderungen auf uns zukommen. Digitalisierung. Alles geht rasanter, die Welt dreht sich schneller, alle sind im Stress, müssen hierhin und dorthin und posten und mailen und twittern und simsen und schauen, dass sie nicht auf der Strecke bleiben. Vielleicht werden wir uns demnächst mit Chips, Brain-Interfaces und Implantaten optimieren müssen, um mit der Rasanz der Digitalisierung überhaupt noch mithalten zu können.

Doch den Grundgedanken des Philosophen Martin Heidegger vom schicksalhaften Geworfensein in das Leben konterkariert der neue Mensch längst, indem er nicht nur das physische und psychische Leben formen kann. Er formt in Wirklichkeit längst auch die Zeit, in der er lebt, er dreht das Rad auch dieses Schicksals selbst, bloß eben nicht immer zu seinem Vorteil.

Wir können also nicht beeinflussen, wie schnell das Neue kommt, wir können aber sehr wohl beeinflussen, was kommt.

Vielleicht ist es auch hier die Gier, die es in erster Linie zu überwinden gilt.

Das Wort Schicksal werden wir jedenfalls noch eine Weile brauchen, bloß wird es in Zukunft etwas bezeichnen, was wir ändern können, zumindest, wenn wir es wirklich ändern wollen. Im Kleinen, ganz für uns persönlich, wenn es darum geht, die im Folgenden beschriebenen Kräfte, die uns unmerklich über unsere Biologie lenken, zu erkennen und zu manipulieren. Und im Großen, wenn es darum geht, dem Planeten Erde das Schicksal des Planeten Venus möglichst zu ersparen.

Das ist das Wunder des wandelbaren Schicksals.

Die Wandlung, sie ist menschenmöglich.

Es sind nicht die Gene

Schicksal ist kein Synonym für Erkrankung oder Katastrophe, für Desaster oder Tod. Es muss sich nicht unbedingt um etwas Furchtbares handeln, damit es Schicksal genannt werden kann. Auch wenn wir uns das im Sprachgebrauch so angewöhnt haben, Schicksal ist nicht per se negativ. Es haftet ihm nicht a priori etwas an, womit man im Leben nichts zu tun haben will.

Das Schicksal kann uns auch auf der Sonnenseite des Lebens einquartieren. Wir sehen zum Beispiel in Familien, wie ähnliche Schicksale in Form von ähnlichen Begabungen weitergegeben werden. Da sind Musikerfamilien beispielhaft, wir kommen später im Kapitel »Der Strauss-Faktor« dazu. So viel vorweg: Es zeigt, dass da irgendetwas gewesen sein muss, irgendetwas, das diese musikalische Begabung gefördert hat.

Früher hätte man gesagt: Es sind die Gene.

Heute weiß man: Gene spielen eher eine untergeordnete Rolle. Doch was nun erkennt die Biologie als neue schicksalhafte Kräfte?

Als Bill Clinton im Juni 2000 die Entschlüsselung des menschlichen Genoms verkündete, vermutete man, die Schicksalhaftigkeit der Gene entdeckt zu haben. Allerdings merkte man bald, dass es hinter dem genetischen Code noch einen anderen gibt, nämlich den epigenetischen. Er bestimmt sozusagen darüber, welche Gene unser Organismus wie stark benutzt. Er kann Gene zum Beispiel stilllegen oder aktivieren und damit über unsere

Gesundheit, unser Glück und damit unser Schicksal mitbestimmen.

Der epigenetische Code hat mit elektrischen Ladungen zu tun und entfaltet weitreichende Wirkungen, die seit seiner Entdeckung Forscher und das interessierte Publikum gleichermaßen faszinieren, und die ich bereits in meinem Buch *Der holistische Mensch – Wir sind mehr als die Summe unserer Organe* beschrieben habe.

Ein Beispiel: Wenn Weinbauern Pestizide verwenden, schädigen sie damit ihre eigenen Keimzellen. Bekommen sie Kinder, geben sie diese Schädigungen an sie weiter. Das heißt, dass ihre Kinder Pestizid-Schäden haben, selbst dann, wenn sie keine einzige Stunde im Weingarten verbringen. Selbst dann, wenn die Weinbauern ihre Kinder unmittelbar nach der Geburt zur Adoption freigeben.

Der genetische Code steht somit für ein unabänderliches Schicksal, der epigenetische aber für ein veränderbares, negativ wie auch positiv, denn klarerweise lassen sich auch positive epigenetische Prägungen vererben. Was bedeutet: Ein gutes Leben schlägt Wellen in den uns nachfolgenden Generationen, ein schlechtes tut es ebenfalls. Wir beeinflussen diesen epigenetischen Code zum Beispiel durch unsere Ernährung, durch Krankheiten und durch unseren Lebensstil.

Eine Weile galt die Epigenetik sogar als die große und einzige Komponente im Bereich der biologischen Übertragung von organischen und auch psychischen beziehungsweise seelischen Faktoren von einer Generation auf die nächste. Doch dann entdeckte die evolutionäre Entwicklungsbilologie die stille, schicksalhafte Macht der dunklen DNA und der microRNA.

Was bedeutet der Begriff »dunkle DNA«, der klingt, als würde er uns in ein geheimnisvolles Reich entführen – und das zu Recht?

Um ihn zu verstehen, müssen wir wissen: Nur ein ganz kleiner Teil unserer DNA ist für die Proteine verantwortlich, aus denen wir bestehen. Es gibt auch in der DNA so etwas wie im Weltall, nämlich dunkle Materie. Nur ein kleiner Teil des Universums ist greifbare Materie. Die dunkle Materie, die wir nicht sehen, die aber extreme Bedeutung hat, ist in der Überzahl.

In der DNA besteht die dunkle Materie aus langen Sequenzen, von denen lange niemand wusste, wieso sie eigentlich da sind. Aus denen nichts abgelesen zu werden schien, kein Protein. Und die dennoch mehr als neunzig Prozent der Gesamt-DNA bilden. Nur ein kleiner Teil unseres Erbfadens wird transkribiert, der große Teil schien nichts wert zu sein, Junk-DNA eben.

Mittlerweile hat die Wissenschaft belegt, dass dem nicht so ist.

Wenn nötig, greift der Körper, wie von magischer Hand, auf diese nicht abgelesenen Junk-DNA-Stücke zurück und macht aus ihnen RNA-Stücke. Plötzlich sind die Nichtsnutze etwas wert. Auf einmal haben sie eine

Funktion, eine, die vorher gar nicht da war. Mit einem Mal ist da eine neue Möglichkeit des Überlebens.

Ein Beispiel aus der Biologie: Durch die Erderwärmung ändert sich die Fruchtbechergeometrie bei Pflanzen. Genau dort, wo der Nektar enthalten ist. Die Distanz zur Pflanzenoberfläche wird größer und der Fruchtbecher verändert sich, schließt sich praktisch, um den Nektar besser vor der Wärme zu schützen. Mit der Zeit orientieren sich die Insekten daran und passen sich an. Sie bekommen längere Rüssel. Dafür ist wahrscheinlich die Junk-DNA mitverantwortlich. Ihr Organismus holt aus ihrer nicht abgelesenen DNA plötzlich etwas wie aus einem Zauberhut hervor und daraus entsteht etwas Neues.

Ein anderes Phänomen, das wundersam erscheint, aber gar nicht wundersam ist: In der Natur gibt es Bakterien, die Glucose nicht abbauen können. Wenn man diese Bakterien allerdings über lange Zeit in glucosereiches Material gibt, dann tun sie, was sie nie konnten, nämlich Glucose abbauen. Sie greifen auf ein schwarzes Energieloch in ihrer DNA zurück.

Das alles ist Anpassung, das ist Evolution.

Ein Beispiel, das sich so in der Geschichte der Menschheit wahrscheinlich abgespielt hat oder theoretisch noch abspielen könnte: Eine Hungersnot bricht aus. Wir, die Menschheit oder zumindest ein Teil davon, können uns plötzlich nicht mehr ernähren. Nun liest unser Körper die dunkle Gen-Materie ab und wird dort fündig: Er bringt ein

Enzym hervor, mit dessen Hilfe wir Dinge verdauen können, die wir bisher nicht verdauen konnten.

Die dunkle Gen-Materie hat in der Menschheitsgeschichte zweifellos schon die wertvollsten Dienste geleistet. Wer weiß, was sich dort noch alles an Bauplänen befindet. Sie ist ein Schatz an allem, das Menschen schon einmal waren und das sie noch werden können. Und selbst, wenn wir uns noch nicht einmal die Frage stellen, wie all diese stille Information in die DNA gelangt ist, wer sie dort hineingeschrieben hat, bildet sie eine geheimnisvolle Welt voller Abenteuer für die Forschung, die besonders deutlich macht, was für ein großartiges Wunder alles Leben ist.

Einen völlig neuen Aspekt brachte eine Erkenntnis über die Viren in unserem Genom. Sie sind die längste Zeit ruhiggestellt, aber wenn es der Teufel will, und unser Körper etwas braucht, was nur die Virus-DNA hervorbringen kann, dann schaltet er dieses Fremd-DNA-Gut ein. Und dieses Virus-Genom bildet dann plötzlich ein Virus-Protein, weil es dem Körper hilft, sich an eine bestimmte Situation anzupassen. Wobei das Ganze für uns auch schiefgehen kann. Virus-DNA kann auch Krebs erzeugen, wenn sie ohne Erlaubnis abgelesen wird. Früher sagte man: Das ist zufällig, das ist schicksalhaft. Mitnichten. Da sind einfach Kräfte am Werk, die wir bisher nicht kannten.

Womit wir beim dritten Punkt sind, der microRNA. Bei diesen winzig kleinen RNA-Stücken, die der Körper nicht hervorbringt, um ein Protein zu bilden, sondern um regulativ in die Gene einzugreifen. Es geht um Anpassungskontrolle. MicroRNA, das sind sozusagen die kleinen Männchen, die die Evolution steuern und die das Max-Planck-Institut für Entwicklungsbiologie als »mächtige Winzlinge« bezeichnet.

Mächtig sind sie deshalb, weil sie darüber mitbestimmen, welche unserer Gene zum Einsatz kommen. Sie können Gene aktivieren oder stilllegen. Stilllegen kann gut sein, wenn sie dabei ein Gen nehmen, das uns für eine bestimmte Krankheit prädestiniert, und es kann schlecht sein, wenn es eins ist, das uns besondere Leistungen, körperliche oder auch musische oder mathematische, ermöglichen würde.

Nehmen wir das Laufen.

Wenn wir laufen, glaubt unser Körper aufgrund urzeitlicher Prägungen, dass wir auf der Flucht sind. Deshalb stellt er mithilfe der microRNA neue Vernetzungen im Gehirn her. Wozu? Weil auf der Flucht zu sein für unseren Körper bedeutet, bedroht zu sein. Von jemandem verfolgt und möglicherweise angegriffen zu werden. Weshalb er Maßnahmen ergreift, um unsere Aufmerksamkeit zu schärfen, besser gesagt: um unsere neurologischen Möglichkeiten, aufmerksam zu sein und Angreifer frühzeitig zu bemerken, zu verbessern. So ganz nebenbei sind diese Vernetzungen auch eine wunderbare Prävention gegen Alzheimer. Daran sind die Steinzeitmenschen zwar noch nicht erkrankt, weil sie dafür nicht alt genug wurden, aber es funktioniert trotzdem.

Die Forschung hat das Wirken der microRNA inzwischen weitgehend entschlüsselt. Sie regelt die Aktivität einer Vielzahl von Genen gleichzeitig. Beim Menschen scheinen mehr als sechzig Prozent aller Gene durch microRNAs beeinflusst zu werden. Rund siebzig Prozent der bekannten microRNAs befinden sich im Gehirn. Sie steuern dort wie im Beispiel mit dem Laufen die Aktivität vieler wichtiger Gene, und sie beeinflussen unter anderem die Struktur, Funktion und Verknüpfung von Nervenzellen. Sie haben auf diese Weise auch enorme Auswirkungen auf unser Verhalten und unsere Intelligenz, auf unser Bewusstsein.

Auch unser Befinden beeinflussen sie und bieten so Schutz vor Depressionen. Wissenschaftler des Max-Planck-Weizmann-Labors für experimentelle Neuropsychiatrie und Verhaltensneurogenetik haben die Aufgabe von microRNAs in Nervenzellen untersucht, die Serotonin produzieren – also jenen Botenstoff, der Appetit, Schmerzempfinden oder Gefühlsregungen beeinflusst und der gemeinhin als Glückshormon gilt. Die Forscher haben dabei eine spezielle microRNA identifiziert, die im Gehirn und im Blut von depressiven Patienten im Vergleich zu Kontrollprobanden in geringeren Mengen vorkommt.

Die mächtigen, schicksalhaft wirkenden Winzlinge microRNA, auch das hat die Forschung herausgefunden, sind davon abhängig, in welchem Zustand wir sie von unseren Eltern übernommen haben, aber auch davon, was um uns selbst herum geschieht, welchen Umweltfaktoren wir ausgesetzt sind, was wir eben so erleben. Schicksal, das wir selbst in der Hand haben, ähnlich wie die schicksalhaften epigenetischen Prägungen. Was wir denken, was wir fühlen und was wir tun, das zeigt auch die evolutionäre Entwicklungsbiologie anhand der microRNA, das geht weit, sehr weit, generationenweit über die unmittelbar sichtbaren Effekte davon hinaus.

Die Übertragung der microRNA durch unsere Vorfahren auf uns kann dabei ebenso Fluch wie Segen sein, je nachdem, wie sehr diese Vorfahren im Einklang mit ihrer Umwelt, mit ihrer ganzen Umgebung und mit sich selbst gelebt und damit ihre microRNA geformt haben. Wir profitieren von dem, was sie gut gemacht haben, und es spukt durch unser Leben, was sie schlecht gemacht haben.

Doch auch hier bleibt das Schicksal wandelbar. Wir können es durch unseren eigenen Lebensstil korrigieren. Und gleichzeitig erhalten Lebensregeln, wie sie uns etwa die Heilige Schrift mitgibt, eine ganz neue, biologische, holistische Bedeutung. Sie in ihrem ursprünglichen Sinn zu befolgen, so könnte man das sehen, bedeutet, die Biologie des Lebens und damit die Anatomie des Schicksals von nicht weniger als der Menschheit an sich positiv zu beeinflussen.

Da ist übrigens noch etwas, was man erst seit Kurzem weiß: Die DNA, der Erbfaden, hat eine extrem gute

Leitfähigkeit. Eine bessere Leitfähigkeit als der Draht
für den Strom. Das heißt, es könnte drinnen, im Haus
der Gene, Strom fließen. Lebensenergie. Was das bedeutet, muss erst erhellt werden. Ein weites Feld an
Interpretationsmöglichkeiten eröffnet sich uns da.

Ein interessanter Bogen, der sich neuerdings über das
Schicksal spannen lässt. Und da ist noch mehr.

Wir werden in den folgenden Kapiteln auch noch sehen,
wie sehr das Immunsystem mit dem Gehirn kommuniziert
und für Dinge sorgt, die wir in Unkenntnis als schicksalhaft
bestimmt, abgehakt und hingenommen haben. Heute wird
das durch die neu erkannten Mechanismen verständlicher.

Vorweg ein Beispiel, das zunächst ganz banal klingt:
Menschen, die sich öfter im Wald aufhalten und sozusagen
gute Luft atmen, sind psychisch ausgeglichener.

Ach, werden Sie sagen, wirklich? Wissenschaftlich
gesehen ist Erfahrung gut, aber noch kein Grund, Dinge
als bewiesen anzusehen. Ganz genau weiß man nämlich
nicht, warum Bäume so gut für uns sind.

Die Forschung hat dazu Daten von 45.000 Stadt-
bewohnern ausgewertet: Angaben zur Wohnungs-
situation, zur Nähe von Grünanlagen und zu psychischen
Erkrankungen. Ergebnis: Am besten wirkten sich Bäume
auf das seelische Wohlbefinden aus. In Nachbarschaften
von Stadtwäldern ist das Risiko von Erwachsenen, unter psychischen Problemen zu leiden, um fast ein Drittel
geringer als in Gegenden mit weniger Bäumen. Auch

der allgemeine Gesundheitszustand ist in der Nähe von Bäumen besser. Wiesen oder andere Grünflächen aus Büschen und Sträuchern haben diese Wirkung laut der Studie dagegen nicht.

Warum sich Bäume so positiv auswirken, ist, wie gesagt, nicht ganz klar. Ein einfacher Teil der Antwort ist sicher der Schatten, den sie spenden. Schon etwas spekulativer ist die größere Biodiversität von Bäumen im Vergleich zu Wiesen. Ein Forscherteam aus Dänemark hat jedenfalls herausgefunden, dass Kinder, die mit Natur aufwachsen, als Erwachsene zu 55 Prozent seltener psychisch erkranken als Gleichaltrige, die ohne Grün lebten.

Es muss also etwas in der Luft sein, das uns zufrieden macht oder unruhig werden lässt. Dabei könnte das Immunsystem seine Wirkung entfalten. Es registriert die Ruhe auf dem Land und die Hektik in der Stadt und gibt das an das Gehirn weiter. Das Immunsystem steht in ständigem Dialog mit der Außenwelt und auch mit dem Gehirn. Alles, was passiert, hat Auswirkungen. Gute, schlechte, wie auch immer. Unsere Umwelt bestimmt so, ohne dass wir uns dessen bewusst sind, was wir tun, wie wir denken. Wie wir sind.

Das Schicksal liegt also auch in der Umwelt, die wir unsererseits beeinflussen. Im Umfeld, in dem wir uns bewegen. Es liegt in dem, was wir sehen, hören, riechen, schmecken oder ertasten. Das Immunsystem wacht über unsere Begegnungen, auch mit der Umwelt, und bietet uns nicht nur Schutz, sondern verändert Emotionen und Denkmuster im Gehirn.

Das Schicksal ist sinnlich.

Wir machen es selbst.

Diese Erkenntnisse könnten wunderschön sein, schon weil sie naturwissenschaftlich belegen, dass Gutes im Sinne etwa von Respekt vor der Umwelt Gutes bewirkt. Sie sind aber auch besorgniserregend angesichts der Respektlosigkeit, mit der wir die Natur behandeln. Denn in diesem holistischen System, in dem alles mit allem zusammenhängt, drängt sich eine bange Frage auf: Wie wird, wenn wir uns nicht rasch und gründlich ändern, dieses von uns selbst hervorgerufene Schicksal uns und die nächsten Generationen noch bestrafen?

Von der Puppe zum Puppenspieler

Also: Woraus besteht es nun wirklich, unser Schicksal?

Um sich dem großen Ganzen zu nähern, braucht es eine Bestimmung der Begrifflichkeiten und auch eine moderne Interpretation, wenn nicht sogar eine Neudefinition.

Der Duden sagt:»Schicksal – von einer höheren Macht über jemanden Verhängtes, ohne sichtlich menschliches Zutun sich Ereignendes, was jemandes Leben entscheidend bestimmt.« Vielleicht nicht ganz flockig beschrieben, aber im Sinn: Hier werkt ein Überwesen, und der Mensch ist machtlos. Höhere Gewalt kann man nicht beeinflussen.

Na ja. Das definieren wir bald neu.

Der Brockhaus sagt über das Schicksal: »Die Erfahrung, dass vieles, was dem Menschen widerfährt oder was sich in der Welt und Geschichte ereignet, nicht Resultat menschlichen Wollens und Handelns, sondern ihm von außen auferlegt ist.«

Auch das stimmt nicht mehr. Hier braucht es eine Definitionsänderung.

Wir werden sie im Laufe des Buches herausarbeiten und dann Wikipedia schenken.

Denn: Der Mensch kann das Schicksal aus eigenem Willen und Antrieb bis zu einem gewissen Grad verändern.

Der Mensch wird von der Puppe zum Puppenspieler.

Kein NPC mehr sein, darum geht es. NPC steht für *Non Player Character* und bezeichnet Figuren in Computerspielen, die kurzzeitig auftauchen und nichts zum Game beitragen. Sie stehen nur herum oder gehen im Kreis. Elektronische Statisten ohne Plan und Bedeutung.

Das Schicksal ist der Ablauf von Ereignissen im Leben eines Menschen. Manche sind unveränderbar wie das der Venus. Manche sind veränderbarer, als wir dachten.

Im Sprachgebrauch finden sich verschiedene Nuancen. Die passiven Formulierungen lauten: »Er wurde vom Schicksal zu etwas bestimmt.«

Sprich Fremdeinwirkung. Oder: »Das Schicksal nahm seinen Lauf.« Ja eh. Oder: »Einen Schicksalsschlag erleiden.« Ja, leider! Oder: »Das Schicksal meint es gut mit ihm.« Da kommt Freude auf. »Eine Laune des Schicksals.« Wie nett. Oder: »Sein Schicksal meistern.« Handwerklich gesehen, mit dem zurechtzukommen, was einem auferlegt worden ist.

Jedenfalls folgt das alles noch der alten Definition: Da kann man nichts machen, das ist halt so.

Allerdings gibt es auch aktive Phrasen. Zum Beispiel: »Das Schicksal herausfordern.« Na, trau dich. Oder: »Sein Schicksal in die Hand nehmen.«

Diesem aktiven Umgang mit dem Schicksal geht immer ein elektrischer Impuls voraus. Ein Gedanke ist da. Das Neue dabei ist: Dieser Gedanke, dieser elektrische Impuls, kann auch von der Umwelt mitbeeinflusst werden. Bösartigkeit und das, was dann Katastrophen hervorruft, wird in Zukunft nicht mehr im schwarzen Kleid der Pest daherkommen. Der bösartige Gedanke des Menschen wird es ins Leben bringen. Der böse Gedanke ruft Schicksalsschläge hervor. Weil Gedanken zu Worten werden, und Worte zu Taten.

Ein radikaler Islamist, der seinen Auftrag bekommen hat, schnallt sich eine Sprengstoffweste um und macht sich auf den Weg.

Ein sehr zorniger Mensch steigt in einen Lastwagen und lenkt ihn in eine Fußgängergruppe.

Ein junger Mann steht in einem Labor und mischt Substanzen für eine Sache zusammen, die er sich schon lange überlegt hat.

Vier Mädchen kesseln eine Schulkollegin ein, reißen sie zu Boden und treten ihr ins Gesicht, mit voller Kraft.

Ein Mann glaubt, dem Auftrag Gottes zu folgen, und steckt ein Messer in die Hosentasche, bevor er sich auf den Weg zu seiner Schwester macht.

Eine Frau wartet auf die nächste U-Bahn, das gefällt einem Mann nicht, und als die Garnitur in die Station einfährt, stößt er sie auf die Gleise.

Zwei Jugendliche kommen an einem Obdachlosen vorbei, sie deuten auf ihn, lachen ihn aus und zünden ihn an.

Eine Frau denkt auf dem Weg in die Arbeit an ihren untreuen Freund, übersieht eine Stopptafel und überfährt ein Kind.

Jemand wünscht sich, dass jemand anderer stirbt.

Alles Gedanken, die etwas auslösen. Die ein Schicksal ändern.

Es ist, während ich das hier schreibe, noch gar nicht lange her, dass US-Präsident Donald Trump den Befehl zum Angriff auf den Iran gab. Kurz darauf, vielleicht zehn Minuten später, war da der Gedanke: Nein, wir machen es nicht. Ein Gedanke hat die Rakete gestoppt. Oder der Gedanke, der John F. Kennedy bewogen hat: Jetzt greifen wir Kuba an. Und dann, im letzten Moment, der andere Gedanke: Nein, wir machen es nicht. Ein Gedanke hat den Dritten Weltkrieg gestoppt.

Doch Gedanken, das haben wir gelernt, sind gelenkt durch Kräfte, die wir selbst manipulieren.

Der Nahe Osten findet auch deshalb keinen Frieden, weil den Menschen dort der Gedanke fehlt, der die Schicksalhaftigkeit der Situation ändern würde. Denn zwei der dortigen abrahamitischen Religionen, dem Islam und dem Judentum, fehlt jener Zugang, den die dritte abrahamitische Religion, das Christentum, sehr wohl hat. Der Gedanke der Bergpredigt. Wenn du auf die Rechte eine kriegst, dann handle nicht Auge um Auge und Zahn um Zahn, sondern halte auch die Linke hin. Dieser Gedanke war für das Schicksal Europas fundamental, selbst wenn da immer wieder Fehler gemacht wurden. Aber dieser Gedanke bewirkte zum Beispiel, dass es nach dem Dreißigjährigen Krieg letzten Endes einen Westfälischen Frieden gab. Den gibt es im Nahen Osten vielleicht nie. Der Gedanke der Bergpredigt ist ein wahrer Goldschatz von einem Gedanken, was Schicksal und schicksalhafte Katastrophen und deren Abwehr oder Abwendung betrifft.

Der Gedanke heißt Vergebung.

Und er geht auf das holistische Prinzip zurück. Das Schicksal ist ein Prozess. Ein Werdeprozess, der sich erst entwickelt und über den Menschen seit Jahrtausenden nachgedacht haben.

Wir sehen das bei den drei Nornen.

Sie sind nicht zu verwechseln mit den drei Moiren. Die drei Nornen sind ihr Pendant im Germanischen, eigentlich die Raunenden. Sie raunen vor sich hin, und im Raunen definieren sie das Schicksal.

Urd ist die weiße Norne, das Gewordene, die Vergangen-heit, das, was aus der Urzeit hinüberwirkt. Unsere Väter und die Sünden unserer Väter, aber auch das, was sich im Kosmos, im Universum und auf der Erde ereignet hat, wir kommen später darauf zurück.

Die zweite Norne heißt Verdandi, die rote Norne, die Werdende, die Gegenwart. Und die dritte ist die schwarze Norne, Skuld, das Werden-Sollende, die Zukunft, das, was uns künftig erwartet.

Urd, Verdandi und Skuld klingen nach Figuren aus *Herr der Ringe* oder *Game of Thrones*. Sie wohnen an der Wurzel der Weltenesche Yggdrasil. Ein Brunnen, ein Schicksalsquell. Aus ihm heraus begießen sie den heiligen Weltenbaum. Auch sie spinnen die Fäden des Schicksals, die sie von Frigg erhalten, der Allmutter und Frau von Allvater Odin. Erstmals erscheinen sie, als das glückli-che Leben der Götter sein Ende findet. Götterdämmerung. Älter als die Götter selbst sind nur die Riesen.

Nornen weben nicht nur das Schicksal, sie werfen auch Los-Stäbchen, wie beim Mikado. Damit orakeln sie über das Leben der Menschen. Schon bei der Geburt sind sie anwesend. Sie sehen jedes Schicksal voraus. Sie schauen Karma-Fernsehen, sozusagen. Nur: Wir können dabei ak-tiver mitspielen, als man das früher gedacht hat.

Die Anatomie des Karmas

Apropos. Das wird gerne verwechselt: Karma ist nicht gleich Schicksal. Das Wort stammt aus dem Sanskrit und bedeutet Arbeit, Aktion. Und würde auch für dieses Leben, unabhängig von einer Wiedergeburt, gelten.

Der Dalai Lama sagt: »Karma ist das Gesetz von Ursache und Wirkung, das den Kreislauf der Wiedergeburten beherrscht. Doch dieser Begriff ist schwer zu verstehen, wenn man nicht an das Phänomen der Wiedergeburt glaubt. Alles, was wir in der Abfolge unserer Lebenszeiten je gedacht oder getan haben, zeitigt – in Verbindung mit der dahinterstehenden Absicht – positive oder negative Auswirkungen. Dieses grundlegende Prinzip gilt im größeren Maßstab auch für Völker oder Länder.«

Jedes Handeln erzeugt Karma. Ziel ist es paradoxerweise, kein Karma aufzubauen. Es kommt also nicht drauf an, viele Katzenbabys zu retten oder alten Frauen über die Straße zu helfen und damit das Karmakonto auf der Habenseite aufzufüllen. Im Gegenteil, am besten ist, eben kein Karma mehr zu haben. Erst dann kann der Kreislauf der Wiedergeburten durchbrochen werden. Nur wer frei ist von allen Wünschen und Begierden, die ihn ans irdische Dasein binden, kann den Kreislauf kappen. Erst dann ist ein Mensch zur Gänze erwacht, sein moralisches Handeln vollendet und die höchste Form von Tugendhaftigkeit erreicht. Kein Hass, keine Gier, keine Verblendung. Es gibt nur noch heilsames Tun. In unseren Breiten und im Rest der Welt wird das schwer werden, aber bitte.

Der Buddhismus verwendet für Karma auch den Begriff Prägung. Entscheidend ist die karmische Prägung einer Tat, eines Gedankens. Die Absicht, die dahintersteckt. Denken als Handlungsform steht über körperlichem Handeln oder der Rede. Es gibt drei verschiedene Arten von Karma: Karma, das zu Lebzeiten reift. Karma, das im nächsten Leben reift. Karma, das in späteren Leben, also nach dem nächsten, reift. Deswegen versucht der Buddhist, sich von all seinen Gedanken freizumachen, damit er nicht in diesen komplizierten Kreislauf hineingerät, der dann Böses auslöst.

Im Rahmen des Buddhismus könnten wir das Karma so definieren: Der Mensch nimmt sein Schicksal in die Hand.

Das Karma, das zu Lebzeiten reift, das Karma, das in vergangenen Leben war, und das Karma, das kommen wird. Die drei Formen, die mehr oder weniger den drei Nornen entsprechen.

Der Hinduismus, aus dem der Buddhismus wie eine Reformation hervorgegangen ist, erklärt das Prinzip anders: Der Mensch ist in seinen Taten frei und für sein Karma selbst verantwortlich. Karma ist ein kosmisches Gesetz, das jeden überall betrifft. Unabhängig vom Zeitrahmen, dem Dharma.

Jeder Mensch hat so einen Dharma. Das hat nichts mit Verdauung zu tun, es geht darum, dass sich der Mensch

persönlich gut entwickelt. Tut er das, ist der Dharma erfüllt. Und diese Erfüllung ist ausschlaggebend, ob Taten
gutes oder schlechtes Karma bewirken. Hinduistische
Pflichten des Einzelnen sind: Gewaltlosigkeit, Wahr-
haftigkeit, Geduld, Selbstkontrolle, Mildtätigkeit und
Gastfreundschaft. Einen einheitlichen Kodex gibt es aber
nicht. Es hängt davon ab, welcher Gesellschaftsschicht man
angehört. Nicht unähnlich dem Gebaren in unseren Breiten.

Friedrich Schiller hat die Essenz der Triade in vier
Zeilen gegossen.

Dreifach ist der Schritt der Zeit:
Zögernd kommt die Zukunft hergezogen,
Pfeilschnell ist das Jetzt entflogen,
Ewig still steht die Vergangenheit.

Damit spannen wir den Bogen wieder zum Heute. Unser
Schicksal besteht aus vielen Dingen, die der Mensch nicht
weiß. Oder scheinbar nicht weiß. Oder nur bisher nicht
wusste.

Jetzt hat die Wissenschaft bewiesen, dass wir sehr
wohl eingreifen können. Forschungen. Erkenntnisse.
Wunder sind machbar. Sie verändern den globalen Drall.
Das ist die gute Nachricht.

Wir können das Schicksal besser verstehen. Und durch
dieses Verständnis können wir es auch beeinflussen.

Das Substrat des Schicksals

Bei James Bond hat es einmal geheißen: Der Morgen stirbt nie. Die Prophezeiung geht jede Woche 007-mal auf. Von Montag bis Sonntag. Der nächste Morgen kommt auf jeden Fall. Das Schicksal hört nie auf, sich fortzusetzen. Es geht weiter, es nimmt Dinge mit wie in einem karmischen Rucksack und geht damit auf Reise. Ohne Aston Martin. Der Vergleich ist nicht sonderlich wissenschaftlich, doch er scheint mir anschaulich.

Eigenschaften, Unarten und auch Krankheiten werden übertragen, weitergegeben von einer Generation auf die nächste, ohne dass der Mensch auch nur eine Ahnung davon hat. Scheinbare Nichtigkeiten und Bagatellen des Augenblicks erzeugen biochemische Schmetterlingseffekte.

Manche Verhaltensweisen, die wir lange vor dem bedeutungsvollen Geschlechtsakt an den Tag legen, stellen Weichen für das Kind, das erst gezeugt, geboren und aufgezogen werden will. Das Kind kann nichts dafür, dass Vater und Mutter so gelebt haben, wie sie gelebt haben. Es weiß nicht einmal, dass die Sünden oder die Rechtschaffenheit, die seinem Schicksal einen bestimmten Drall geben, lange vor der Zeugung begangen wurden.

Die Eltern bestimmen das Schicksal ihres Kindes weit über die Weitergabe ihrer Gene, ihre soziale Interaktion mit ihm und ihre Erziehung hinaus. Denn das Kind ist auch ein Produkt seiner epigenetischen Prägung, der elterlichen microRNA, seiner evolutionären Entwicklungsbiologie und damit eines familiären Schicksals, auf dessen Anatomie wir tiefgreifend Einfluss nehmen können. Indem wir rechtzeitig darauf schauen, nicht nur für den Moment zu leben, sondern bei allem auch darüber hinaus denken. Aus diesem Bewusstsein entstand in Amerika das in Europa noch gänzlich unbekannte Konzept der *preconception care*.

Es sieht vor, für das noch gar nicht gezeugte und geborene Kind die besten Voraussetzungen zu schaffen. Das tun die meisten Eltern schon lange auf vielen Gebieten. Man achtet auf das künftige Umfeld des Kindes, darauf etwa, dass es einen möglichst guten Platz im Leben bekommt. Dass sie auch auf sich selbst achten müssen, um ihrem Kind ein schönes Schicksal zu bescheren, ist allerdings den wenigsten Eltern bewusst. Diese enge und scheinbar geheimnisvolle, letztlich aber wissenschaftlich nüchtern erklärbare Verknüpfung unseres eigenen Lebens mit dem unserer Kinder muss erst noch Teil des kollektiven Bewusstseins werden. Paare, die sich Kinder wünschen, müssen erst noch lernen, wie sie es von Altlasten möglichst frei halten.

In den USA hat sich das zu einer enormen Bewegung entwickelt, und es ist weder ein typisch amerikanischer Spleen noch der neueste Mode-Gag. Ich finde, das Thema ist so wichtig, dass es in den Aufklärungsunterricht gehört. Ja genau: *Preconception care* gehört in den Schulunterricht integriert. Denn es ist eine moderne Methode, auf wohlwollende und positive Weise in das Schicksal kommender Generationen einzugreifen, sie auf einen besseren, weil glücklicheren und gesünderen Weg zu bringen, noch ehe überhaupt die Samenzelle in die Eizelle eingedrungen ist.

Ich lockere meinen Gedanken einmal die Zügel. Was ist unser Istzustand in den Schulen? Bei uns wird munter über alle erdenklichen Sexpraktiken doziert, über Penisgrößen gekichert oder darüber sinniert, wie viele Kondome man braucht, bis eines einmal nicht reißt. Es wird postuliert, wie wichtig die gleichgeschlechtliche Liebe ist und wie aufgeschlossen wir gegenüber LGBT (Lesbian, Gay, Bisexual und Transgender) als eigentlich besserer Form der sexuellen Ausrichtung sein müssen, und überhaupt sollten die Kinder selbst entscheiden dürfen, welches Geschlecht sie annehmen wollen. Eine bestimmte weltanschauliche Richtung zeigt ihren unbeugsamen Willen, das alles auch wirklich durchzusetzen.

Mit Respekt vor dem Leben hat das Getue um Geschlechterakzeptanz allerdings wenig zu tun. Da steckt ein Plan dahinter. Anscheinend geht es darum, den Glauben an die Familie zu relativieren. Die Familie soll nichts mehr wert sein, man hat anderes im Sinn als Familiäres. Ich bin hingegen der Meinung, dass die Familie der Quell der Gesellschaft ist. Die Stütze des Daseins. Die Zukunft.

Das Wichtige jedenfalls verschweigt man in der Schule, vor allem den Mädchen. In Wahrheit müsste man sie darauf aufmerksam machen: Wenn ihr einmal Kinder wollt, dann ist das etwas, was euch heute schon etwas angeht. Wofür ihr den roten Teppich heute schon ausrollen müsst.

Die Amerikaner wissen bereits, dass sie das Schicksal Nachgeborener nicht einfach als durch Gene, Gott oder Zufall gegeben annehmen können, sondern dass sie selbst es gestalten. *Preconception care* wird in Amerika deshalb zur neuen medizinischen Wissenschaft, zur Vorsorge, die für Nachhaltigkeit beim Kinderkriegen sorgt. Es gibt Plakate, die in Schulen aufgestellt werden, mit den allersimpelsten zwölf Punkten. Genereller Blut-Check, Untersuchung auf Diabetes, Beigabe von Eisen und Folsäure oder etwa Suchtberatung gehören dazu.

Diese Checklist, auf die wir im Detail gleich noch eingehen, zeigt, ob junge Frauen ein Leben führen, das es ihren Kindern ermöglichen wird, ein gutes Leben zu führen. Ob sie gut genug auf sich selbst schauen, um dem Kind, das sie vielleicht irgendwann einmal auf die Welt bringen werden, gute Voraussetzungen für sein Leben zu schenken. Es geht um Weitblick in der Familienplanung. Um Vorausschau bis über den eigenen Tod hinaus. Die Dialektik zwischen »dem Schicksal ausgeliefert sein« und »das Schicksal gestalten« besteht im Wissen um die Auswirkungen eigener Taten und Gedanken auf den Nachwuchs.

Ignoratia legis non excusat, sagen die alten Lateiner. Unwissenheit schützt vor Strafe nicht. Das Leben zu leben, als gäbe es kein Morgen, öffnet dem Schicksal die Tür nicht nur einen Spalt breit, es reißt ihm sozusagen das Tor auf. Und den wenigsten Menschen ist klar, wie sehr nicht nur sie selbst, sondern wie sehr über vielfältige Mechanismen, die noch längst nicht alle erforscht sind, auch ihre Kinder die Strafe zahlen.

Wissen ist die Macht, einzugreifen.

Das ist die Botschaft.

Die Sünden unserer Väter und Mütter sind bereits auf uns übergeschwappt. Unsere eigenen Sünden werden auf unsere Kinder überschwappen oder haben es schon getan. Und die Sünden unserer Kinder werden auf unsere Enkel überschwappen. Am ehesten sollten wir die jeweils junge Generation warnen. Sie instruieren mit dem, was wir zumindest so ungefähr bisher wissen. Ihnen zum Beispiel sagen, die Nacht nicht regelmäßig zum Tag zu machen. Die Folgen sind zu wenig bekannt, aber das hindert sie nicht daran, einzutreten: Wer seinen zirkadianen Rhythmus unterbricht, unterbricht auch die Reifung der Gonaden, also der Hoden und der Eierstöcke.

Nachtleben mag vielleicht das Sexleben anregen. Für die Fortpflanzung oder den späteren Kinderwunsch ist es aber nicht unbedingt hilfreich. Und so gibt es eine Reihe von Dummheiten, von denen man keine Ahnung hat, wie sehr sie das Leben der Kinder, die man später einmal bekommt, beeinträchtigen können.

Die klassische Zeit für Dummheiten ist die Pubertät. Wobei hier nicht die Pubertät als Prägungsphase gemeint ist, sondern als Zeit des heranreifenden Menschen, in der er im Hinblick auf eine spätere Schwangerschaft präkonzeptionell einiges tun oder lassen sollte.

Kinderwunsch ist nicht mehr etwas, was sich irgendwann einstellt, und flutsch, ein paar Wochen später ist die Frau schwanger. Kinderwunsch wird immer öfter ein Problem, weil der Mensch mehr und mehr durch die Umwelt belastet ist. Man sehe sich die Institute an, die vor Patientinnen übergehen, weil die Reproduktionsfähigkeit der Menschen nachlässt. Das liegt nicht nur an den Pestiziden, die unsere Welt verseuchen, es sind auch die schicksalhaften Sünden, wie man sie fast bezeichnen kann, die hier eine Rolle spielen. Alles, was wir tun, wirkt in die Zukunft.

Die Amerikaner schreiben hier von einem sogenannten *triple benefit*, von einem dreifachen Vorteil, den wir haben, wenn wir die neuen Erkenntnisse der *preconception care* in die Familienplanung miteinbeziehen: Wir haben selbst sofort einen Vorteil. Wir haben im späteren Leben einen Vorteil. Und viel später hat auch die nächste Generation einen Vorteil.

Preconception care ist so letzten Endes auch eine Ethikfrage. Es geht um die Ethik für die Fortpflanzung und um das, was wir den anderen Generationen antun, wenn wir gegen die Verfassung der Natur verstoßen. Wobei dem weiblichen Körper ganz besonderes Augenmerk gehören muss, denn trotz aller Gleichmacherei hat er für die Erhaltung der Art immer noch mehr zu leisten als der männliche. Er ist aber auch sensibler und mitunter störungsanfälliger, was dann schicksalhafte Formen annehmen kann.

Preconception Care gilt im deutschsprachigen Raum der Medizin noch als Mysterium, der Begriff ist in unseren Ambulanzen noch nicht einmal aufgetaucht. Sicherlich wird es in dieser Richtung bald mehr Beratung geben.

Vielleicht hier schon als Vorschau ein paar Tipps an all jene Paare, die Nachwuchs planen: Es ist sinnvoll, zwei bis drei Monate vor der Konzeption, dem Zeugungsakt an sich, auf einiges aufzupassen.

Zum Beispiel auf die Folsäure. Bevor eine Frau schwanger wird, sollte sie per Bluttest überprüfen, ob sie genug Folsäure hat. Folsäure ist nicht nur wichtig für das Neuralrohr, man weiß auch, dass es bei einem Mangel zu Präeklampsie kommen kann, zu einer Krankheit, die Schwangerschaft und Wochenbett erschwert, oder zu einem niedrigen Geburtsgewicht.

Ähnliches gilt für das Eisen, das offenbar für die Gehirnentwicklung wichtig ist, und für Zink, das förderlich für das Wachstum des Mutterkuchens ist. Auch das soll schon vor dem entscheidenden Orgasmus in Ordnung gebracht werden, zwei, drei Monate vor der Zeugung. Es hat keinen Sinn, es erst einzunehmen, wenn man schon schwanger ist.

Das alles ist kein Leitfaden für eine perfekte Schwangerschaft, sondern schicksalhaft, ich kann es nicht oft genug sagen. Wer das nicht beachtet, liefert sich und sein Kind möglicherweise schicksalhaft einer Zukunft aus, in der das Kind völlig unnötige Lasten zu tragen hat.

Dazu kommen die großen Fragen des Gewichtes. Ist der Vater beim Zeugungsakt zu dick oder unterernährt, führt das zu reduzierter Spermienmobilität, die Spermien haben eine schlechte microRNA. Es kommt zu einer endokrinen Missregulation, das heißt, das Kind kann Hormonstörungen und möglicherweise Probleme mit dem Herzen haben.

Ist die Frau übergewichtig, bevor sie schwanger wird, kann sich das später auf die Mitochondrien des Kindes auswirken. Sprich, das Mädchen oder der Bub ist noch gar nicht gezeugt, aber man weiß bereits: Dieses Kind wird eine metabolische Risikokonstellation haben, wir sagen auch Stoffwechselprobleme, und es wird möglicherweise leiden.

Wenn die Frau nicht abnehmen kann, kann sie sich den Magen verkleinern lassen. So wichtig ist das für das Kind. Das kann ich als Mediziner nicht deutlich genug sagen.

Es sind also zwei Punkte vor der Zeugung zu beachten: das Gewicht normalisieren und sich bewegen, mindestens vier Stunden pro Woche.

Dazu gibt es sieben Studien mit 34.000 schwangeren Frauen, und man hat gesehen: Wenn die Frau, bevor sie schwanger ist, mehr als vier Stunden pro Woche Bewegung macht, zum Beispiel Walking, erkrankte das Kind später signifikant seltener an Diabetes.

Die Botschaft ist klar: Mit dem Übergewicht schadet ihr euch jetzt selbst, aber ihr schadet vor allem dem Schicksal der Kinder, die dann in fünf, sechs Jahren aus euch hervorgehen.

Jugendlichen könnte man es im Schulunterricht einfacher erklären auf eine Art, die ihnen in dem Alter näher ist als ein Kinderwunsch in der Zukunft. Es gibt Attraktivitätsmerkmale für die Frau und für den Mann, Dinge, die das andere Geschlecht betreffen. Schließlich braucht es ja immer zwei dazu. Wir könnten ihnen sagen: Ihr könnt ab heute an eurem Schicksal mitarbeiten, indem ihr eine gewisse Attraktivität entwickelt.

Denn bei den Burschen ist es so: Je dicker sie sind, je größer ihr Bauchumfang ist, desto weniger attraktiv sind sie für Mädchen. Diese Schulter-Bauch-Umfang-Quotienten sind ein Parameter dafür, ob man genug Testosteron hat, und den erfassen Mädchen intuitiv. Sie erkennen, dass zu wenig Testosteron da ist. Je größer der Schulterumfang und je kleiner der Bauchumfang ist, desto besser ist das Testosteron.

Die Mädchen sollen idealerweise einen Body Mass Index, kurz BMI, von zwanzig haben. Das ist der sogenannte most sexy BMI. Die Schönheit der Ausgewogenheit. Ganz dünn oder ganz dick, das ist extrem. Das Reproduktionsfeld der Frau liegt dazwischen. Das könnte man den Kindern durchaus vermitteln: nicht übergewichtig, aber auch nicht untergewichtig. Das wäre das Optimum.

Und bitte unbedingt weglassen: Alkohol und Nikotin. Jede Zigarette zerstört Eizellen und verringert daher die Chance, problemlos Kinder zu bekommen.

Das Schicksal in den Keimzellen

Unser Körper beobachtet ständig die Umwelt und reagiert darauf, das haben wir bereits gelernt. Deshalb gilt unter anderem auch: Schon in den Spermien kann sich Schicksal ereignen. Selbst die Samenzellen können die Umwelt, der ein Mann ausgesetzt ist, widerspiegeln und so an das Leben, das neu entstehen wird, weitergeben. Eine Eigenschaft, die erst vor Kurzem entdeckt wurde.

Wenn eine neue Situation auftritt, die zu bewältigen der Körper zunächst nicht imstande ist, sucht er in seiner DNA verzweifelt nach einer Lösung. Hier viel Junk-DNA, dunkle DNA, die nicht gebraucht wird, dort Virus-DNA, die ruhiggestellt ist, der Körper sucht weiter. Nach möglichen DNA-Abschnitten, die das Problem, das sich ihm gerade stellt, eventuell beseitigen könnten. Diese DNA ist fest, ein langer Faden, sie kann nicht herausgeschnitten werden. Aber der Körper legt eine Kopie der DNA an. In einem Abschnitt, der normalerweise nicht gebraucht wird, macht er aus der DNA eine RNA, allerdings ist das nicht die normale Ribonukleinsäure, sondern die microRNA.

Es ist nicht so, dass der ganze Erbfaden aus Genen besteht, da ist einmal ein Gen, dann quasi kilometerweit

62

Wüste, dann ist wieder ein Gen, und dazwischen sind andere Stücke, Basen, die man bis dato nicht genau zuordnen konnte. Diese Basen werden plötzlich aktiviert und für die neue Aufgabe adjustiert. Das heißt, der Körper sucht sich aus diesem großen schwarzen Loch der DNA, aus diesem Basenbad, das scheinbar überflüssig ist, möglicherweise einige Basen heraus, die in der akuten Situation helfen könnten.

So war es bei jenen Bakterien, die nicht in der Lage waren, Glucose zu verwerten, bis sie Forscher so lange in Glucose gegeben haben, bis sie Glucose tatsächlich vergären und abbauen konnten. Was unter anderem auch zeigt: Offensichtlich sind also sogar die einfachen Organismen schon in der Lage, auf diesen Schatz in der dunklen DNA zurückzugreifen.

Die Medizin hat bisher nur gesehen: Da wird kein Protein gemacht. Bei diesem Gen passiert nichts. Es ist scheinbar funktionslos, als wäre es in der Schöpfung nur mitgeschenkt. In Wirklichkeit scheint es ganz und gar nicht funktionslos zu sein. Da sind viele biochemische Goldreserven verborgen, die eine akute neue Anpassung an die Umwelt erlauben. Indem Stücke, die sonst nie abgelesen werden, plötzlich doch abgelesen werden. Und auf einmal greift die microRNA in die Aktivität ein.

Man weiß, dass im Kampf gegen Alzheimer Gedächtnisübungen helfen. Denkaufgaben, um die Plastizität der Neurone zu erhalten. Dabei bildet sich im Gehirn diese microRNA, weil das Gehirn gefordert ist. Und auch durch Sport. Work-out ist ein probates Mittel gegen Alzheimer. Laufen. Wir hatten das schon.

Diese microRNA bildet sich auch in den Keimzellen. Das heißt, der Eierstock und vor allem das Sperma bekommen sie zugeführt. Wenn der Mann sich fortpflanzt, wird sie ans Kind weitervererbt. Deswegen ist es so wichtig, dass ein Mann Sport treibt, bevor er ein Kind macht. Genau diese microRNA, die im Gehirn so positiv wirkt, sitzt bei sportlichen Männern in den Hoden und in den Spermien. So geben sie diese Männer an ihre Töchter und Söhne weiter. Der Sport des Vaters tut nicht nur ihm selbst gut, sondern auch seinen noch gar nicht geborenen Kindern. Das sind brandneue Erkenntnisse der modernen Forschung.

MicroRNA tritt etwa auch bei einer gröberen Nahrungsveränderung in Erscheinung. Eine solche Umstellung kann den Körper vor ein so großes Rätsel stellen, dass er das sofort der DNA meldet. Hilfe! Die microRNA sorgt dann dafür, dass sich der Körper an die neue Situation anpassen kann.

Die microRNA und die dunkle DNA, sie bilden den Notfallplan der Natur.

Geschieht in der Außenwelt etwas Entscheidendes, überlegt sich der Körper eine angemessene Reaktion. Anpassung ist für ihn immer besser als Untergang. Der Körper ist kein passiver Fleischklops, der auf die Rente wartet. Er ist wie gesagt permanent in Kontakt mit der Umwelt, tauscht sich mit ihr aus. Feine Sensorik sorgt dafür, dass die Evolution die richtigen Informationen bekommt, um permanent winzig kleine Veränderungsprozesse einzuleiten.

Der Mensch ist so einem ständigen Wandel unterzogen. Er ist ein biochemischer Barbapapa. Wer's nicht mehr kennt: Das sind diese birnenförmigen Zeichentrickfiguren, die wie Plastilin jede Form annehmen können. Kommt und besucht mal Barbapapa ...

Das lässt auch einen Schluss zu, der uns in Situationen besonderen Drucks oder scheinbarer Ausweglosigkeit, sei es in körperlicher oder in seelischer Hinsicht, Hoffnung geben kann. Vielleicht sucht unser Organismus, vielleicht suchen unsere Zellen in unserer dunklen DNA bereits nach dem Bauplan für eine Lösung des Problems. Nach etwas, mit dem wir die Herausforderung bewältigen können. Vielleicht verändert uns unsere microRNA gerade so, dass wir in Zukunft Situationen gewachsen sind, denen wir bisher nicht gewachsen waren. Vielleicht macht uns der Druck, woher auch immer er kommt, durch unsere microRNA widerstandsfähiger, stärker, besser angepasst an die herrschenden Bedingungen. Und vielleicht entwickelt unser Organismus dabei gerade etwas, das als Erbe für unsere Kinder wichtiger ist als eine Immobilie, ein Aktiendepot oder Bargeldreserven. Kurz: Vielleicht sind wir gerade Gegenstand der Evolution. Die Redensart »was mich nicht umbringt, macht mich stärker« bekommt da auf einmal eine biologische Dimension.

Wir sind als Menschheit jedenfalls dank der microRNA vor fast allem sicher. Sonst wären wir längst ausgestorben. Das Wunder Evolution ist enträtselt.

Katelin Hansen, Neurowissenschaftlerin an der *Ohio State University*, hat mit ihrem Team jene microRNA identifiziert, die unsere kognitive Leistung verbessert. Sie gab ihr den Namen microRNA 132. Alle microRNAs haben Namen, respektive eine Nummer. Diese Nummer richtet sich nach der Rangliste der Entdeckung. Nummer eins wurde als Erste entdeckt, und das war nun die 132. Entdeckung.

Erst im zweiten Schritt hat die Forscherin Eva Benito mit ihrem Team der Universität Göttingen bei Versuchen mit Mäusen entdeckt, dass die microRNA 132 nicht nur durch Sport im Kopf entstehen, sondern auch über die Samenzelle weitergegeben werden kann.

Eva Benito untersuchte die sogenannte synaptische Plastizität, also das Maß, wie gut Nervenzellen miteinander kommunizieren können. Sie und ihre Kollegen konzentrierten sich auf die epigenetische Vererbung von Vätern und suchten in den Spermien nach der Antwort.

Spermien enthalten neben der väterlichen DNA, dem Molekül, in dem die Erbanlagen gespeichert sind, auch RNA-Moleküle. In Experimenten überprüften die Wissenschaftler, welche Rolle diese RNA-Moleküle bei der Übertragung der Lernfähigkeit spielen. Dazu entnahmen sie RNA aus Spermien von Mäusen, die körperlich und geistig aktiv waren.

Diese RNA injizierten sie in befruchtete Eizellen und untersuchten die Tiere, die sich daraus entwickelten. Fazit: Auch in den Mäusekindern war die synaptische Plastizität deutlich besser. Die körperliche und geistige Aktivität hat sich auf die kognitiven Fähigkeiten der Nachkommen positiv ausgewirkt, und dieser Effekt wurde durch die RNA in den Spermien übertragen.

Anders ausgedrückt: Macht der Vater Sport, hat das Kind Köpfchen.

Schicksal ereignet sich also schon in den Spermien.

Die Samenflüssigkeit ist ein magischer Cocktail, der über die microRNA Informationen an die nächste Generation weitergibt. Als biochemische Rohrpost.

Preconception care ist Vorsorge für die Nachfahren.

Der Mann kann, wenn er über Jahre hindurch vor der Zeugung alles, oder zumindest möglichst viel, richtig macht, das Sperma so günstig beeinflussen, dass es später wirkt.

Wissen ist Schicksalsänderung.

Früher hat man gefragt: Wie viel Folsäure soll ich nehmen? Sonst nichts. Folsäure ist wichtig, freilich. Aber noch wichtiger ist die microRNA.

Allerdings kann der Vater auch weniger Positives auf seine Kinder übertragen. Wenn ein Mann große Angst hat, vor dem Verlust seiner Existenz zum Beispiel, oder traumatisiert ist, durch Kriegserlebnisse oder familiäre Gewalt in seiner Kindheit zum Beispiel, schleust er etwas davon über die microRNA in den Glucocorticoid-Haushalt seiner Kinder ein.

Die Übertragung von Traumata an die nächste Generation wird seit einer Weile intensiv besprochen. Wie funktioniert das?

Extremer Stress, lebensfeindliche Bedingungen und alle anderen Traumatisierungen beeinträchtigen nachweislich die Regulation in den Zellen. Ein Übermaß an RNA-Molekülen bringt in der Folge nicht nur das zelluläre Gleichgewicht durcheinander, sondern führt auch zu Veränderungen der Nervenfunktion und anderen Störungen. Fazit: Schlechte Erfahrungen hinterlassen Spuren im Gehirn, in den Organen und Keimzellen – und über die Keimzellen werden sie weitervererbt.

Mit der Weitergabe von seelischen Verletzungen über den Umbau der Erbsubstanz an Nachkommen hat sich auch Natan Peter Felix Kellermann vom *National Isreali Center for Psychosocial Support of Holocaust Survivors* befasst. Er ist unter anderem Experte für Psychodrama und vergleicht die epigenetische Trauma-Vererbung mit der Computerwelt: »Die Gene der Betroffenen entsprechen dem Gerät, das Trauma einer virusinfizierten Software. Obwohl der PC während der Befruchtung formatiert wurde, bleiben Spuren der alten schadhaften Software erhalten.« Erinnerungen und Veränderungen an den Genen, so Kellermann, würden auf diese Weise an die neue Generation weitergereicht.

Um bei der Angst des Vaters zu bleiben: Man weiß heute ganz genau, welche microRNAs im Spiel sind, wenn ein Mann Angst hat, seine Angst quasi im Sperma haften bleibt und auf Kinder übergeht. Zuständig sind die microRNAs 29, 30, 32 und 139. Indem die microRNA des Mannes in die Eizelle eindringt, greift er in die Regulation des gespeicherten Erbguts der Frau ein. Das ist eine hochinteressante Interaktion, die in ihrer vollen Bedeutung erst langsam erkannt wird. Es ist gewaltig.

Eine besondere Form der Memory-Funktion.

Angst ist vererbbar.

Angst wird zum Schicksal.

In der Praxis bedeutet das: Eine Frau sollte sicherstellen, dass ihr Mann sportlich ist und sich sicher fühlt, ehe sie ihn zum Zeugungsakt vorlässt.

Was ist unser Zwischenstand an dieser Stelle? Wenn unsere Eltern nicht zu dick und nicht zu dünn waren, wenn sie fit waren und wenn sie sich sicher gefühlt haben, wenn sie also nicht um ihre Existenz bangen mussten, etwa weil ihr Chef sie nicht mochte oder eine Wirtschaftskrise Arbeitsplätze gefährdete, dann haben wir die bessere Chance, dass es »das Schicksal gnädig mit uns meint«.

Es gilt allerdings auch: Wenn wir selbst nicht zu dick und nicht zu dünn sind, einigermaßen fit und frei von Angst, haben wir die besssere Chance, unseren Kindern ein gnädiges Schicksal zu bescheren. Und es bedeutet: Wir sollten allen unseren Freunden, Verwandten und allen anderen, die Nachwuchs planen, sagen: »Achte darauf, wie und wo du lebst, was du tust und wie du denkst, denn du gestaltest damit das Schicksal deiner Kinder vielleicht entscheidender mit, als durch die Auswahl der Schulen, die sie einmal besuchen werden.«

Eine Frage der Ethik

Vor allem die Sache mit der Angst hat noch eine tiefere Ebene. Eine ethische Dimension.

Würden Forscher vielen Menschen eine microRNA der Ängstlichkeit injizieren, würden sie quasi Staatsbürger schaffen, die kaum Aufstände oder Revolutionen anzetteln würden. Das ist noch effektiver als das Handy, das die chinesischen Soldaten zwangsverordnet immer mit sich tragen müssen, damit Kontrollorgane jederzeit wissen, wo sich jeder Soldat aufhält.

Angenommen, jemand plant eine Diktatur. Nicht gleich, aber in ein paar Jahren. Vielleicht in zwanzig Jahren. Eine Diktatur der Digitalisierung werden wir ohnedies haben. Was es braucht für eine stabile Diktatur, ist weit verbreitete Furcht.

Das Zittern der Menschen vor allem. Vor der Obrigkeit, den Aufsichtsorganen, dem System. Wer Angst hat, kuscht. Wer sich nicht traut, schweigt. Es gibt keinen Widerstand, weil er Mut voraussetzt, aber niemand Mut hat.

Es bräuchte dann nur Ärzte, die entsprechende miCRORNA bei der künstlichen Befruchtung beimengen. Schon hätten sie Angst in die Welt gesetzt. Schon hätten sie eine Gruppe von Angsthasen gezüchtet, die ihrerseits wieder Angsthasen hervorbringen würden. Wären die ersten paar Tausend Babys einmal mit dem Gift der Angst infiziert, gäbe es kein Zurück mehr. Der Prozess wäre irreversibel.

Sommer 2024. Erstaunlich viele Kinder, die künstlich befruchtet auf die Welt gekommen sind, weisen psychische Anomalien auf. Sie zucken bei jeder Gelegenheit zusammen, können sich in der Schule nicht beweisen, sind Außenseiter und werden gemobbt. Immer mehr dieser Kinder klagen, dass sie schreckliche Angst haben.

Anfang 2038 werden die ersten Mädchen aus den IVF-Programmen selbst wieder schwanger. Man merkt es nicht gleich, erst in den 2040er-Jahren, aber deren Kinder zeigen ebensolche Auffälligkeiten. Das Furchtsame hat sich auf die nächste Generation übertragen und wandert von dort weiter. Die Zukunft steht im Zeichen der Angst. Die Saat ist aufgegangen. Niemand will aufmucken, niemand will auffallen, keiner will Fragen stellen. Angst macht die Menschen klein, hält ihre Blicke nach unten gerichtet. Die Diktatur muss gar nicht grausam sein oder Exempel statuieren. Die Bürger gehen genetisch bedingt gebückt.

Bislang ist, Gott sei Dank, niemand so richtig auf die Idee gekommen, bei Menschen anzuwenden, was Forscher bei Mäusen längst angewendet haben. Doch das ist das wirkliche Designen. Dass man mit dem Genom Schicksale designt, mit der Gen-Schere, wird, wenn es überhaupt kommt, vielleicht noch viele Jahre dauern. Aber mit microRNA Erbgut umzuprogrammieren, ist aktuell anwendbar. Hier und jetzt.

Technisch geht es, und man weiß nicht, was Menschen alles vorhaben. Für China sind westliche Ethikkommissionen so gefährlich wie ein Kampftrupp mit Wasserpistolen. Forscher dort fragen nicht, ob sie am Erbgut schnipseln dürfen, sie tun es einfach. Was Hochsicherheitslabore im Auftrag des US-Militärs forschen, dürfte auch nicht immer moralisch einwandfrei sein. Wer beachtet Regeln, wenn es etwas zu entdecken gibt, mit dem sich Menschen gewaltfrei kontrollieren lassen? Es wären nicht die ersten Menschenversuche.

Das ist die große Gefahr der Reproduktionsmedizin. Es ist zu leicht, das Schicksal fester in die Hand zu nehmen, als es uns guttut.

Jemand fragt: Aber wenn es geht, wird es dann nicht auch gemacht? Ist es nicht so?

Antwort: Sicher. Vor allem, wenn es um die eigenen Kinder geht. Frauen, die ein besonders intelligentes Kind wollen, werden jemanden finden, der ihren Herzenswunsch erfüllt. Und wir stehen da noch am Anfang. Von in Summe 1800 microRNAs kennen wir gerade einmal 212.

Jemand fragt: Kann man alles manipulieren? Kann man jede einzelne Facette eines Menschen und damit jeden einzelnen Aspekt seines künftigen Schicksals beeinflussen und gestalten?

Die Antwort lautet: Ja.

Gott würfelt nicht

Was nun löst dieses Notfallprogramm der Natur aus? Wodurch nimmt es seinen Betrieb auf?

Vor allem spielt dabei Nahrung eine Rolle. Sie ist überlebenswichtig. Deshalb greift die DNA ihretwegen auf ihr großes, dunkles Schatzgebiet zurück. Etwa, um neue Verdauungsenzyme hervorzuzaubern.

Auch Stress hat hier Bedeutung. Denn Stresshormone aktivieren über bestimmte Mechanismen Abschnitte der dunklen DNA, die vorher ausgeschaltet waren, jetzt aber das Überleben in einer völlig neuen Situation ermöglichen sollen. Das Notfallprogramm läuft an.

Zu Hunger und Stress als Auslöser für das Notfallprogramm kommt die Temperatur. Im Laufe der Erdgeschichte spielte sie immer eine gewaltige Rolle. Auch heute gibt uns die unnatürliche Hitze im Sommer zu denken. Organismen stellen sich darauf ein. Ebenso wie auf Frost. Der Körper muss sich anpassen. Die dunkle DNA und die microRNA sind gefragt. So können Dinge entstehen wie das Spermidin, das in Pflanzen nichts anderes als ein

Frostschutzmittel ist. Damit überleben sie, wenn es friert und Schnee fällt.

Außerdem: Flucht, heute eher Exercise, Action, eben Work-out. Aber das kann der Körper, wie gesagt, nicht wirklich unterscheiden. Wenn der Körper Parameter vorfindet, die auf Flucht hinweisen, kommt Bewegung in unsere vorhandene DNA, wobei kleine Teile abgelesen werden, die sonst deaktiviert sind. Für uns heißt das: Wir sind gestärkt, obwohl wir keinen Feind haben. Für unsere Kinder heißt das: Wir geben die Stärkung weiter und sie wirkt sich positiv auf sie aus.

Dasein ist Transformation.

Und dann der entscheidende Punkt: Die Eizelle selbst ist ein Mysterium. In der Eizelle gibt es das Zytoplasma, in dem viele RNA-Stücke ruhen. Sie werden dort darauf vorbereitet, im Falle einer Befruchtung sofort die entsprechenden Proteine für den Startschuss ins Leben zu bilden.

Erst arbeitet das mütterliche Genom und nimmt praktisch das väterliche mit. Die nötigen Proteine aber werden schon von der bereits vor der Befruchtung in der Eizelle liegenden RNA gesteuert. Dabei kommt die microRNA des Spermas ins Spiel. Sie beginnt, die in der Eizelle deponierte DNA zu korrigieren und zu modifizieren.

Die Wissenschaft steht diesbezüglich noch ganz am Anfang. Man weiß: Nicht die DNA allein steuert die ersten Lebensabschnitte. Bei den ersten Zellteilungen ist die DNA des Mannes und die der Frau mehr oder weniger inaktiv, sie wird nur an die nächste Zelle weitergegeben. Die microRNA dagegen unterdrückt oder aktiviert die normale, in der Eizelle geparkte RNA, aber auch DNA-Stücke. Sie reguliert die Ablesung der DNA. Sie wirkt auf das Erbgut ein wie eine graue Eminenz.

Auch hier sind es also nicht die vermeintlichen unabänderlichen »Gene«, die ihre Wirkung tun. Auch hier ist es die microRNA, die bestimmt und über deren Formatierung wir selbst mitbestimmen.

Das ist ein zentraler Gedanke und völlig neu. Kurz gesagt: Die Gebärmuttergeheimnisse sind gelüftet. Ein wesentlicher Teil unseres Schicksals entsteht dort und wird davon beeinflusst, wie und wo unsere Eltern gelebt haben, wie sie gedacht und was sie getan haben. Wir sind damit viel mehr Produkt unserer Eltern, geprägt von ihren willkürlichen Entscheidungen, als die Medizin das bisher für möglich gehalten hätte.

So lassen sich auch naturwissenschaftliche Antworten auf Mythen finden, die seit jeher durch das Menschheitsbewusstsein geistern, je nach Rationalität einer Epoche einmal mehr und einmal weniger akzeptiert. Was ist das, ein Fluch? Wir könnten sagen: Ein Fluch ist ein Widerhall, den schlechte Taten über die microRNA in unserem eigenen Leben finden.

Die Schicksalhaftigkeit unseres Denkens und Tuns, des Zeugungsaktes und der Prozesse am Beginn neuen Lebens lichtet sich mit dem Nebel des Unwissens.

Und eine neue Evolutionstheorie schält sich heraus: Evolution ist nicht *mutation per random*, sie basiert nicht auf schicksalhaften Zufälligkeiten. Evolution ist eine gezielte Mutation, mitgesteuert von der microRNA, also von unserer Umgebung, den sich ändernden Rahmenbedingungen unseres Lebens, und von uns selbst. Die Keimzellen und die Gebärmutter scheinen die Geheimnisse der Evolution in sich zu tragen.

Die klassischen Gene sind damit nur noch die Bausteine. Die microRNA und die Epigenetik sind die Architekten, die das Leben in utero, in der Gebärmutter und in den Keimzellen formen. Sie sind das Missing Link zwischen der Umwelt und den Genen. Es wirkt nicht *per random*, durch Zufall, sondern es tastet die Umwelt ständig ab. Es ersetzt den Zufall.

Einstein sagte: Gott würfelt nicht. Wie recht er hat.

Alles hat einen Grund

Die Vorstellung einer *mutation per random* wird also durch die pränatale Vision ersetzt. Die wandelbaren Prozesse ganz am Anfang des Lebens begleiten es später schicksalhaft und erst, wenn alles schon fertig ist, kommt das *survival of the fittest* zur Geltung. Gebärmutter und Keimzellen sind also viel bedeutender für die Entwicklung des Lebewesens, als man bis jetzt wusste. Darwins *survival of the fittest* muss eher so lauten: *arrival of the fittest.*

Der Evolution liegt damit eine Ordnung zugrunde, doch wie sie dann verläuft, darüber entscheiden wir genauso mit wie über das Schicksal.

Viele Naturwissenschafter würden gerne den lieben Gott abschaffen. Doch so richtig ist ihnen das noch nie gelungen. Schon als der Urknall sich als wissenschaftliche Erkenntnis durchsetzte, hatten sie ihre Probleme damit. Denn es drängte sich die Frage auf: Wer hat es knallen lassen? Jemand könnte kommen und sagen: Das war ich. Ich bin mehr oder weniger der Konzeptionist der Evolution.

Früher war das Wort Urknall wohl auch deshalb tatsächlich ein Schimpfwort. In einem *BBC*-Interview am 2. Mai 1950 wurde »Big Bang« erstmals erwähnt. Das war kein Terminus technicus der Physik, nein, es war eine abschätzige Bemerkung. Ein Lustigmachen darüber, dass es Leute gibt, die so stumpfsinnig sind und sagen: Da hat es einmal geknallt.

Ein großer britischer Physiker verbalisierte das damals: Fred Hoyle. Zuvor war es gelungen, mit dem Hubble-Teleskop die Rotverschiebung des Andromeda-Nebels zu entdecken. Dadurch zeigte sich, dass der Andromeda-Nebel sich offensichtlich wegbewegt, und damit endete die Rotfärbung. Daraus schlossen Wissenschaftler: Wenn diese Rotverschiebung überall im Universum sichtbar ist, muss es einen Beginn gegeben haben. Eine Detonation. Bumm, und die Galaxien flogen wie Granatsplitter auseinander. Das war der Beginn der Urknalltheorie, und ebenso vehement wurde sie in der Sekunde bekämpft. Freakshow! Fantasterei! Frevel!

Bei der Evolution lief es genauso, da griff man ebenfalls die Idee einer Ordnung sofort an. Das kann nicht sein, das darf es keinesfalls geben. Sonst geht morgen die Tür auf, jemand kommt herein, setzt sich hin und sagt: Von mir stammt das Konzept. Ich habe die Ordnung geschaffen. Ich bin der Weltenbaumeister.

Um das zu verhindern, entbrannte für Jahrzehnte eine, gelinde gesagt, sehr emotionale Diskussion. Eine Diskussion, die jetzt eigentlich abgeschlossen ist. Denn dem Zufall lässt sich nicht alles zuschreiben. Es gibt tatsächlich eine Ordnung im Hintergrund, die das Zusammenwirken von Genen, Epigenetik, dunkler DNA, microRNA, Keimzellen und Immunsystem fügt und damit die Evolution regelt.

Ein Schrank voller Kleider

Wir sind wieder bei der Forschungsrichtung evolutionäre Entwicklungsbiologie. Was ist das eigentlich ganz genau?

Evolutionäre Entwicklungsbiologie ist eine Wissenschaft, die sich um die Erkenntnis rankt, dass die Evolution im Mutterleib stattfindet. Was ja eigentlich klar ist: Ein Frosch, der einmal da ist, kann sich nicht mehr verändern. Die Veränderung findet beim Wechsel der Generationen statt, der beim Frosch im Ei und bei Säugetieren seit 360 Millionen Jahren im Mutterleib stattfindet.

Die Entwicklungsbiologie befasst sich also mit den Keimzellen, mit den Samen- und den Eizellen und mit allem, was sie beeinflusst, was sie verändert und was sie auslösen und bewirken können, und mit der Gebärmutter, und allem, was in ihr geschieht.

Nehmen wir die neolithische Revolution vor 11.000 Jahren. Gräser wie Weizen, Mais und Reis standen den Menschen auf einmal zur Verfügung. Sie aßen erstmals Kohlenhydrate, die sie durch das Wirken der microRNA aufspalten und verdauen lernten. Die Menschen selbst haben sich dadurch nicht mehr verändert, sie waren ja, wie der genannte Frosch, schon da. Aber die Embryos im Bauch der Schwangeren haben sich sehr wohl verändert. Durch das neue Nahrungsangebot haben sich ihre Gehirne anders entwickelt. Sie haben später, als Erwachsene, begonnen, Häuser zu bauen, Hierarchien zu entwickeln und ethische Normen wie den Kodex hammurabi zu etablieren.

Doch die Entwicklungsbiologie befasst sich naturgemäß nicht nur mit der Vergangenheit. Sie hat jede Menge damit zu tun, die aktuellen Veränderungen im Mutterleib zu erforschen. So groß und vielfältig wie jetzt war das Nahrungsmittelangebot noch nie. Einige Veränderungen sind bereits sichtbar. Die Kinder werden immer größer, ihre Köpfe werden immer größer, weshalb die Zahl der Kaiserschnitte steigt.

Andere Entwicklungen gilt es erst zu erfassen. Es macht etwas mit den Embryos und mit den Kindern, die jetzt entstehen, dass ihre Mütter in einer elektronischen Welt leben, dass sie in einer schnellen Welt leben, und dass ihre Nahrungsmittel mit Konservierungsstoffen, Emulgatoren und großen Mengen an Zucker und Salz versetzt sind. Aber was macht es mit ihnen?

Damit befasst sich die evolutionäre Entwicklungsbiologie oder kurz Evo-Devo (abgeleitet vom englischen Begriff *evolutionary developmental biology*).

Die Entwicklung in der Gebärmutter, Devo, bereitet, je nachdem, welche Impulse sie von der microRNA bekommt, Evo, die Evolution, vor.

Der Schluss, der daraus zu ziehen ist, verlangt in vieler Hinsicht eine wesentliche Umdeutung von allem, was Leben ist, menschliches Leben, irdisches Leben überhaupt. Denn damit ist klar, dass wir es nicht nur selbst schicksalhaft in der Hand haben, wie das *Arrival* unserer Kinder aussieht. Wir haben im Grunde die gesamte Entwicklung der Arten in der Hand. Der siebte Schöpfungstag gehört damit uns Menschen. Mit allen Gefahren und Hoffnungen.

Noch einmal anders erklärt: Es gibt ein Gespräch, einen Dialog, zwischen unserem Genom und unserer Umwelt. Dieser Dialog findet, wie gesagt, in der Gebärmutter und in den Keimzellen statt. Die Keimzellen nehmen Dinge wahr, die sie weitergeben und die letzten Endes eine neue Art hervorrufen können. Im Genom ist so viel Information gespeichert, dass sich Epigenetik und microRNA, diese Modulatoren, die mit der Umwelt diskutieren, irgendetwas Ungebrauchtes herausnehmen und in der Gebärmutter materialisieren können.

Man könnte auch sagen: Das Schicksal geht shoppen. Der Körper nimmt sich etwas, das tief in ihm vielleicht schon Millionen Jahre lang schlummert. Dort liegt es herum wie im Lager eines Kaufhauses, und eines Tages brauchen wir es. Wir können es uns auch als riesigen Schrank vorstellen, in dem Kleider, Jacken, Blusen und Hosen hängen und in den Regalen eingeschlichtet liegen, die wir irgendwann gekauft und nie getragen haben. Und auf einmal gibt es da eine Einladung, wir brauchen dafür ein besonderes Kleid, einen besonderen Anzug. Wir kramen wie wild im Schrank, finden das Richtige ganz hinten in der vorletzten Lade links, nehmen es heraus und ziehen es an.

Diese Kleider, die der Mensch im Bedarfsfall hervorkramt, geben zum Beispiel den homöotischen Genen ein immer neues Outfit. Homöotische Gene sind die Ur-Gene des Lebens, Gen-Cluster, vorinstalliert gewissermaßen, und sie lassen sich unterschiedlich modulieren.

Nehmen wir beispielsweise den Gen-Cluster für die Beine: Aus so einem Ur-Gen können zwei Beine entstehen, aber auch vier, sechs oder zwölf, je nachdem, welche Art sie abruft. Der Tausendfüßler braucht nun mal etwas anderes als, sagen wir, Gisèle Bündchen. Trotzdem ist es immer derselbe Gen-Cluster. Die Natur ermöglicht Zugriff, je nachdem, ob sich ein Lebewesen mit zwei Beinen weiterbewegen will, oder mit mehr. Und dann geht es darum, was die Beine können müssen. Auf welchem Untergrund sie eine Fortbewegung ermöglichen müssen und wie sich dieser Untergrund vielleicht verändert.

Das Leben ist beim Lösen dieser Aufgabe offensichtlich so erfinderisch wie ein Mann oder eine Frau, die in einem großen Schrank dann doch das richtige Hemd oder das richtige Kleid finden, obwohl sie es jahrzehntelang nicht angehabt haben.

Das ist eine neue Theorie der Evolution.

Das Genom, die microRNA und die Epigenetik ersetzen den Zufall. Vom Schicksal bleibt da wirklich nicht mehr sehr viel übrig. Oder: Wir nennen es weiter Schicksal, was uns lenkt, doch wir erkennen seine Anatomie. Nichts ist Zufall. Alles folgt einer Logik. Alles hat ein System. Eine Ordnung. Alles hängt zusammen.

Das ist wohlgemerkt kein Kreationismus. Wenn Zweifler glauben, er würde hier den Raum durch die Hintertür betreten, irrt. Kreationismus heißt, an der wörtlichen Auslegung des biblischen Schöpfungsberichtes festzuhalten, also daran, dass Gott in sechs Tagen die Welt erschaffen hat. Was natürlich Unfug ist und immer nur als Bild gedacht war. Aber heute wird der Begriff Kreationismus schon verwendet, wenn jemand hinter der Evolution eine Ordnung entdeckt.

Schnell sind die Waffen auf so jemanden gerichtet, und die Schelte der Hardliner ist ebenso erbittert und zynisch, wie einst die Schelte für jene, die als Erste

mit ihren Schlussfolgerungen beim Urknall lande-
ten. Das habe mit Wissenschaft nichts zu tun! Das sei
bloß Lamarckismus. Zur Erklärung: Jean-Baptiste de
Lamarck stellte schon Anfang des 19. Jahrhunderts die
Theorie auf, dass Lebewesen erworbene Eigenschaften
an ihre Nachfahren vererben können. Der Botaniker und
Entwicklungsbiologe hat natürlich sofort sein Fett abge-
kriegt. Wie kann man nur!

Wer hinter der Evolution eine Ordnung ortet – die
überhaupt nichts mit einem Gott zu tun haben muss –,
wird als reaktionär dargestellt. Als pseudowissenschaftli-
cher Zausel oder Krypto-Frömmler, der den Glauben über
die Wissenschaft manifestiert wissen will.

In Wahrheit ist das evolutionäre Entwicklungsbiologie, die schon in den 1980ern aufgekommen ist. Mit
der Entdeckung der homöotischen Gene, der Master-
Kontroll-Gene. Diese sind Gen-Cluster, die für gewisse
Organe oder zum Beispiel Extremitäten verantwortlich
sind. Sie können unterschiedlich abgerufen werden.

Sie bilden das Set von allem Lebendigen. Den Baukas-
ten, aus dem alles Lebendige gemacht ist. Die Kiste Lego-
steine, aus der dann die wundersamsten Dinge entstehen
können.

Ein wichtiges homöotisches Gen ist das Hox-Gen.
Es ist dafür verantwortlich, dass ein Lebewesen eine
Körperachse hat. Die Körperachse, so unterschiedlich sie
je nach Lebewesen sein mag, wird durch diese Hox-Gene

determiniert. Im Prinzip sind damit die Wirbeltiere entstanden. Vorher gab es diese Achse nicht.

Einfach ausgedrückt, machen Gene Proteine, und diese Proteine sind dann dafür verantwortlich, dass Urmodule im Körper entstehen: das Modul der Wirbelsäule, das Modul der Augen, das Modul der Extremitäten, die aber immer wieder, je nach Umweltanforderungen, neue Formen annehmen können. Die Gene bleiben Gene, aber die Abrufsignale sind für die Ausbildung verantwortlich.

Bei der Körperachse entsteht das Protein, wie gesagt, aus dem Hox-Gen, es heißt Bicoid. Es ist gleich nach der Befruchtung in unterschiedlicher Konzentration da. In der befruchteten Eizelle gibt es oben einen Punkt, wo das Bicoid geballt vorhanden ist, dann führt eine Linie nach unten, wo es immer dünner wird. Wo es am dichtesten ist, entsteht beim Tier der Kopf, wo es am wenigsten konzentriert ist, der Schwanz. So will es der Bauplan des Lebens.

Das Pax-Gen ist für die Augenentwicklung zuständig, und zwar für alle drei Augenarten, die bei Lebewesen vorkommen. Das Kameraauge mit einer Linse, das haben wir. Das Komplexauge haben zum Beispiel die Gliederfüßer. Und dann gibt es noch das Spiegelauge, wie es die Jakobsmuschel hat. Das Spiegelauge verfügt über eine Linse und einen reflektierenden Parabolspiegel, sagenhaft kompliziert. Früher hat man gedacht, die seien alle unterschiedlich kodiert, heute weiß man, allen liegen die Pax-Gene zugrunde.

Das MKX-Gen wiederum kümmert sich um die Herzformation. Das DLL-Gen sorgt für die Gliedmaßen.

Sehr effizient, nicht wahr? Allein im Hinblick darauf, wie viele Arten es gibt. Würden die Gene wirklich so sehr über das Leben bestimmen, wie wir es lange dachten, dann wäre für jede Art ein eigenes Genom, also ein eigenes Erbgut notwendig. Was nicht der Fall ist. Der Unterschied ist viel zu gering. Es gibt also viel zu wenige Gene, um alleine damit die Artenvielfalt zu erklären.

Dementsprechend hat die systematische Ermittlung der kompletten Erbfaktoren von Lebewesen ergeben: Die Anzahl der Gene ist erheblich geringer, als früher vermutet. Und auch viel geringer, als man angesichts der Komplexität vieler Lebewesen im Vergleich zu sehr einfachen Organismen annehmen würde. Die logische Folgerung daraus lautet: Gene werden nicht neu und schrittweise erworben, es werden vielmehr bereits vorhandene Gene verschieden genutzt.

Anders lässt sich zum Beispiel die plötzliche Explosion der Arten im Kambrium vor 550 Millionen Jahren nicht erklären. Diese Explosion muss sprunghaft erfolgt sein, entgegen der Annahme, sie hätte konstant und in kleinen Schritten stattgefunden.

Wenn das so schnell geht, muss vorher etwas da gewesen sein.

Die Artenvielfalt muss bereits angelegt gewesen sein.

Das Schicksal hatte vorgesorgt.

Wie ist das nun genau mit den Genen und dem Schicksal? Die Max-Planck-Gesellschaft formulierte es im ersten Satz eines Berichtes vom 13. Juli 2017 so: Wir sind mehr als die Summe unserer Gene.

Das magische Immunsystem

Es ist also nicht die einzige Aufgabe unseres Immunsystems, uns vor Feinden zu schützen. Es ist auch ein Radarschirm für die Umwelt, über den sich unser Organismus, unser Bewusstsein und unsere embryonale Entwicklung orientieren.

Unser Immunsystem tastet ununterbrochen die Außenwelt ab, um darin versteckte Feinde zu orten. Die Immunzellen sind Kommunikatoren zwischen außen und innen und verhindern damit, dass wir schicksalhaft Bakterien oder Viren zum Opfer fallen.

Das Immunsystem ist die Ritterrüstung des Menschen und besteht vor allem aus sogenannten mononukleären Zellen. Das sind Zellen, die erstaunlich viel können, sie sind schwer bewaffnet, haben sozusagen Gewehre und freie Radikale als Munition. Wenn sie einen Virus sehen, nehmen sie ihn ins Visier, schießen H_2O_2, also Wasserstoffperoxid oder nur OH, ein Hydroxil-Radikal, wie eine Kugel auf ihn ab. Dieses Radikal brennt ein Loch in die Membran des Virus, und der Virus ist tot. Zweite Möglichkeit: Die Fresszellen im Körper, die Makrophagen, sehen das Bakterium, gehen hin, mampfen es weg und verdauen es mit Trypsin, einem Gemisch dreier Verdauungsenzyme. Derlei passiert im gesamten Körper.

Das Immunsystem reagiert nicht nur auf die Umwelt, es moduliert auch die Embryogenese, also jene Phase der Keimentwicklung, die von der befruchteten Eizelle zur Bildung der Organanlagen führt, und es hat Einfluss auf unsere Psyche. Das Immunsystem ist der Souffleur unseres Bewusstseins. Diesen Zusammenhang hat die Medizin erst vor Kurzem entdeckt, auch er schafft völlig neue, faszinierende Perspektiven auf den Menschen.

Beginnen wir vor der Geburt: Schon hier ist das Immunsystem ein schicksalhafter Dirigent. In unserer embryonalen Phase sind wir bis zur zwölften Woche teilweise Amphibien. Zwischen unseren Fingern haben wir Schwimmhäute wie ein Frosch. Der mütterliche Organismus sagt: Die Schwimmhäute brauchen wir nicht. Was macht dieser Organismus? Er verwendet das Immunsystem, das sonst Viren oder Bakterien zerstört, und zerstört damit die Schwimmhäute. Genial.

In der Schwangerschaft dient das Immunsystem der Frau nicht der Immunabwehr, sondern der Entwicklung des Kindes. Für die Entwicklung des Embryos hat das Immunsystem also einen enormen Stellenwert.

Das beantwortet auch die Frage, warum es für Schwangere gefährlich ist, an Röteln, Masern oder dem Zika-Virus zu erkranken. Nicht das Masern-Toxin stellt primär die Gefahr dar. Was das Bakterium herstellt, ist eher irrelevant. Vor allem kommt das Immunsystem der Mutter völlig durcheinander und kann, auch wenn das jetzt sehr technisch klingt, die Bauarbeiten an dem Kind nicht mehr geordnet abwickeln.

Ein wichtiger Aspekt, der uns wieder etwas Neues erklärt. Er zeigt die schicksalhafte Verwundbarkeit, aber auch Modulierbarkeit des sich entwickelnden Lebens. Besonders die Ausbildung des Nervensystems, ein Netzwerk aus 86 Milliarden Nervenzellen, ist während der Schwangerschaft störanfällig für Umweltgifte, Nährstoffmangel, Stress und Infekte.

Schon eine einfache Grippe in der Schwangerschaft kann sich ungünstig auf das Kind auswirken. Eine Infektionskrankheit der Mutter als schicksalhafter Faktor löst etwas aus, das man *maternal immune activation* nennt: die Aktivierung ihres Immunsystems.

In den USA stieg bei den Nachkommen der an Röteln erkrankten Schwangeren die Häufigkeit von Autismus oder Schizophrenie bis auf das Zwanzigfache der Norm an.

Es gibt fünfzig bekannte Immunbotenstoffe, die in allen Phasen der fötalen Hirnentwicklung eine Rolle spielen, vor allem bei der Bildung von Nervenzellen, angefangen von ihrer Wanderung und Reifung bis zur Ausbildung ihrer Kontaktstellen, den Synapsen. Man kann sich vorstellen, dass es ein Problem ist, wenn das durcheinandergerät.

Es stimmt schon, dass Krankheitserreger an der Hirnschranke meistens stehenbleiben müssen. Allerdings aktivieren sie Zytokine. Diese Botenstoffe sind für die Immunabwehr des Kindes verantwortlich und auch in der Lage, ins Gehirn vorzudringen.

Das heißt, ein stark aktiviertes Immunsystem der Mutter in sensiblen Phasen der fötalen Gehirnentwicklung kann mit negativen Effekten für das Kind verbunden sein.

Eine Krankheit wie Grippe oder Mumps, eine Lungenent-zündung, aber auch Autoimmunkrankheiten der Mutter wirken sich deshalb direkt auf das Gehirn des Kindes aus. Sie können einen Menschen empfindlicher machen gegenüber seiner genetischen Veranlagung, auch gegen Umwelteinflüsse und traumatische Erfahrungen, und dies kann seinen späteren Drogenkonsum wahrscheinli-cher machen.

Niemand will hier Unruhe oder gar Panik aufkommen lassen. Denn wie Mia Estes und Kimberley McAllister von der Universität Kalifornien betonen, müssen mehrere Ereignisse und Risikofaktoren zusammenkommen, damit die Infektion der Mutter später beim Kind eine psychische Krankheit auslöst.

Das Immunsystem ist jedenfalls ein schönes Beispiel dafür, wie die Natur bestehende Mechanismen verwendet, um ganz konkrete Schritte in der Evolution einer Spezies vorzunehmen.

Das Schicksal wird dadurch immer durchschaubarer. Seine Anatomie bekommt Hand und Fuß.

Das Immunsystem, von außen beeinflusst, ist, wie schon angedeutet, sogar für unser Gehirn und unsere Mentalität mitverantwortlich.

Gesehen hat man das erst jüngst bei einer Knochen-markstransplantation. Ein 67-jähriger Mann mit Leu-kämie brauchte die Stammzellen seines Bruders. Eine Routineprozedur. Der jüngere Bruder litt an Schizophrenie, er willigte ein. Die Ärzte entnahmen ihm die Stammzellen, implementierten sie dem Krebskranken nach der Bestrahlung, und wie durch ein Wunder war der Mann geheilt von seinem Lymphom. Allerdings war er plötzlich schizophren. Wie der Bruder.

Der Mann hat die Immunregulation des Bruders bekommen. Sie wurde auf ihn übertragen.

Stückweise, wie ein Puzzle, setzen Forscher ihre Erkenntnisse zu einem völlig neuen Bild zusammen. Die große Hoffnung: psychische Leiden mit Immuntherapien behandeln zu können, ebenso wie Rheuma oder Krebs.

Dass Immunsystem und Psyche zusammenhängen, vermutete man schon zu Zeiten von Hippokrates, das war so 460 bis 370 vor Christus. Damals zeigte sich, dass Fieber, als Zeichen einer Immunreaktion, Psychosen lindern kann. Die moderne Medizin wollte das lange nicht wahrhaben und schimpfte jeden, der so etwas auch nur vorsichtig andeutete, einen krummen Hund. Das Gehirn, so das Dogma, sei dem Zugriff des Immunsystems weitgehend entzogen. Inzwischen weiß man: Ohne die regulierende Kraft des Immunsystems kann der Mensch gar nicht denken.

Aktueller Wissensstand der Medizin: Die sogenannte Mikroglia – eine Gruppe von multifunktionalen Zellen des zentralen Nervensystems – kommuniziert mit den Nervenzellen des Gehirns wie auch mit den Immunzellen des Körpers. Immunzellen des Körpers produzieren

Botenstoffe, die die Blut-Hirn-Schranke durchdringen können und die Arbeit der Nervenzellen im Gehirn beeinflussen, übrigens auch bei gesunden Menschen. Das hat man erst vor Kurzem herausgefunden.

Hat die Mutter ein ernstes psychisches Problem, gibt sie es demnach nicht genetisch weiter, sondern über das Immunsystem. Erstaunlich, nicht? Es zeigt, wie entscheidend das Immunsystem letztendlich für unsere Bewusstseinslage ist. Weitergedacht, heißt das: Das Bewusstsein unterliegt ebenfalls einer Evolution.

Die mentale Entwicklungsbiologie

Die Frage lautet: Könnte das von der Außenwelt beeinflusste und veränderte Immunsystem das kollektive Bewusstsein verändern? Könnte es tatsächlich sein, was wie der Stoff für einen Ökothriller klingt, dass Umweltbelastungen das Bewusstsein ganzer Bevölkerungsgruppen oder sogar weiter Teile der Weltbevölkerung verändern?

Die Antwort lautet: Ja.

Wenn das Immunsystem im Zusammenspiel mit der Umwelt ein anderes wird, kann das eine neue kollektive Bewusstseinslage hervorrufen. Im schlimmsten Fall kann so Wahnsinn in der Schwarmintelligenz entstehen, wie wir ihn teilweise im Internet sehen, wenn sich plötzlich Tausende Menschen auf ein Thema stürzen, um es zu zerreißen. Kollektiver Hass, Trolle, grenzenlose Wut, losgelassen auf andere, unter dem Deckmantel elektronischer Anonymität. Mordlust, Aufrufe, andere zu töten, politische Amokläufe in jede Richtung.

Bestsellerautor Bret Easton Ellis schreibt in seinem neuen Buch *Weiß*: »Dieser Zorn war neu, so etwas hatte ich noch nie erlebt (...). Dieser Gedanke wäre zehn Jahre zuvor noch undenkbar gewesen – dass eine Meinung ein Fehler sein könnte, doch in einer erbosten, polarisierten Gesellschaft wurden Menschen wegen ihrer Meinungen ausgesperrt, man folgte ihnen nicht mehr. Es schien fast, als könnte niemand mehr zwischen einem lebenden Individuum und einer Reihe hastig auf ein Saphirglas-Display getippte Worte unterscheiden (...). Diese Wut machte so süchtig, dass ich irgendwann einfach aufgab und erschöpft dasaß, stumm vor Stress. Doch letzten Endes waren Schweigen und Unterwerfung genau das, was die Maschine wollte.«

Guter Mann.

Dass da draußen in der Welt etwas Ungesundes im Gange ist, spüren wir intuitiv. Eine Hauptursache könnte ohne Weiteres eine Immunstörung sein. Vielleicht werden so viele Menschen deswegen so zornig, untergriffig und voller Hass, weil neue Umweltreize über sie hereinbrechen und das Immunsystem noch nicht genau weiß, wie es reagieren soll.

Handy-Strahlung, 5G-Netze, Computer-Strahlung, elektronische Datenfluten. *Smart Life* heißt Leben mit der Elektronik. Ständige Funkwellen. Alles Einwirkungen, deren Auswirkungen wir in ihrer Gesamtheit noch nicht einmal ansatzweise einschätzen können, weil es keine Langzeitstudien gibt.

Der Irrsinn, der viele Menschen heute heimsucht, passiert aber jedenfalls nicht zufällig.

Die Zahl der Burnout-Opfer explodiert, psychische Krankheiten nehmen empfindlich zu. Die Blödheit der Menschen, wie manche Medien das schreiben, besteht nicht darin, eine Partei oder eine bestimmte Person zu wählen, das ist Demokratie. Sie besteht im Hass und der gleichzeitigen Forderung nach Respekt. Aber die Menschen haben immer weniger Respekt. Man braucht nur einmal mit dem Auto eine Runde um die Wiener Ringstraße zu drehen und weiß: Respekt ist ein Wunschtraum.

Wie kann das kommen? Den Menschen in unseren Breiten geht es immer besser, und doch werden sie immer aggressiver. Sie entwickeln nicht nur Allergien auf der Haut, sondern auch allergische Hassreaktionen im Gehirn. Vielleicht auch deshalb, weil dort die Immunzellen die gleiche überschießende Reaktion auslösen wie ein Bienenstich auf der Haut.

Ist das die Schicksalhaftigkeit der Zeit?

Sind wir zumindest diesem Schicksal ausgeliefert?

Oder ließe sich da nicht doch etwas gestalten, wenn sich die Gründe für die latente Wut offenbarten?

Das Aggressionspotenzial der Menschen steigt und steigt. Merkbar. Von einer Rottweiler-Gesellschaft spricht der Wirtschaftswissenschaftler Paul Collier, dessen Buch *Sozialer Kapitalismus* den »Zerfall unserer Gesellschaft« beklagt.

Der Mensch wird rabiat, scheinbar grundlos und schicksalhaft angestachelt. Durchsetzungskraft und Eigeninteresse, Optimierung und Effizienzsteigerung, das sind die Werte und sie alle vertragen sich nicht gut mit Mitmenschlichkeit und Güte. Welten prallen aufeinander.

Die Menschen zeigen ihren Zorn, gießen ihren Hass elektronisch ins Netz. Es gibt so gut wie keine Wirtshausprügeleien mehr, an deren Ende sich die Kontrahenten aufhelfen, abputzen und sagen: »Is' schon wieder gut, Rudi. Passt schon.« Wenn es heute auf der Straße Schwierigkeiten gibt, wird der Widersacher abgestochen. Der Respekt gegenüber staatlichen Autoritätspersonen hat abgenommen, und die weiteren Aussichten sind, man muss es sagen, düster. Warum weiden sich immer mehr Menschen an der Mordlust? Immer mehr Menschen verlieren die Nerven und rasten aus. Amok wird zum Alltag.

Der Spiegel hat dem Thema im März 2019 sogar eine Titelgeschichte gewidmet: *Tierisch wütend. Die enthemmte Gesellschaft.*

Irrsinn regiert mit Leichtigkeit. Groll lodert in den Gemütern, wartet wie eine Bestie hinter Gittern, die merkt, dass die Tür des Käfigs nicht gut verschlossen ist. Der Zorn sucht einen Ausweg und findet ihn vielleicht über Umwege, aber er findet seinen Weg hinaus. Zeitbomben ticken, ganz leise, ohne dass wir es merken. Politische Gewalt paart sich mit psychischer Krankheit. Das Ergebnis steht dann im Lokalteil der Tageszeitungen.

Die Allergie des Gehirns

Aus medizinischer Sicht ist tatsächlich vorstellbar, dass dem allen auch eine mentale Reaktion des Immunsystems zugrunde liegt, das sich gegen eine toxische Außenwelt stemmt, in deren Wirkungsbereich es von Umweltgiften nur so wimmelt.

Feinstaub zum Beispiel verstärkt Allergien. Immer mehr Menschen leiden darunter, vor allem Städter sind betroffen. Das ist der große Unterschied zwischen Landkindern und Stadtkindern. Stadtkinder haben hier größere Immunprobleme, man misst das auch. Es sind assoziierte Lipide, also die sogenannten Prostaglandine, die dafür mitverantwortlich sind.

Rußpartikel finden sich inzwischen selbst im Mutterkuchen und reizen das Kind schon in der Embryonalphase. Es ist eine nicht von der Hand zu weisende Hypothese, dass dies auch eine mentale Allergie auslösen und überschießende Aggressionsreaktionen des späteren Kindes und Erwachsenen erklären könnte.

Die Häufigkeit allergischer Erkrankungen hat sich in den vergangenen zwanzig Jahren verdoppelt. Bestehende Pollenarten werden aggressiver. Vor allem, wenn Pollen und Feinstoffpartikel aufeinandertreffen, verstärkt das die gewöhnliche Immunreaktion des Körpers. Der Irrsinn mancher Menschen könnte ebenfalls eine sich allmählich verstärkende allergische Reaktion sein.

Evolution zum Guten

Psychopathologische Zustände werden also vom Immunsystem hervorgerufen, das ist ein ganz neuer Aspekt bei der Betrachtung des Menschen. Positiv gedacht: Genau das ließe sich auch in Richtung Vernunft umleiten. Dann ändert sich der Mensch – zum Guten. Das Immunsystem könnte so durch seine Einwirkung auf die Bewusstseinslage, ob wir wollen oder nicht, eine willkommene Kulturwende schaffen, zum Beispiel hin zu einem viel friedlicheren Miteinander.

Das Schicksal ist aus Ton. Wir müssen die Skulptur nur richtig formen.

Der wichtigste Faktor dabei ist: Unser Umgang mit unserer Umwelt, wie wir sie schützen oder was wir ihr antun, hat Auswirkungen auf uns, die weit über das hinausgehen, was wir bisher angenommen haben. Beides entscheidet nicht nur über Aussterben und Fortbestand von Tier- und Pflanzenarten, über den Zustand unserer Strände und Meere und über das Klima, es entscheidet auch darüber, wie wir sind, wie wir denken und wie wir miteinander umgehen, also auch über den inneren Zusammenhalt unserer Gesellschaft und damit letztendlich über deren Fortbestand.

Wir haben im organischen Bereich bereits gesehen, wie schnell so etwas gehen kann. Den Darwin-Finkenarten auf den Galápagosinseln zum Beispiel haben ein paar Generationen genügt, um angesichts eines veränderten Nahrungsangebotes ihre Schnäbel umzubilden. Die evolutionäre Entwicklungsbiologie zeigt in Fällen wie diesem auf: kleine Ursache, große Wirkung.

Oder die Flösselhechte, die besondere Tiere sind. Sie werden auch »laufende Fische« genannt. Sie haben Lungen wie die Ur-Fische und zugleich ein großes Talent, an Land zu laufen. Ein achtmonatiger Versuch von Forschern dient hier als eindrücklicher Beleg, dass diese Tiere in evolutionär extrem kurzer Zeit in der Lage sind, sich völlig neuen Bedingungen der Umwelt anzupassen: Sie haben Versuchstieren das Wasser als Lebensraum komplett entzogen. Die Fische überlebten nicht nur, sie konnten sich auch sehr rasch wesentlich besser an Land fortbewegen, als es ihre gewöhnlichen Artgenossen können.

Evolutionsbiologen sprechen von einer unerwartet hohen Entwicklungs-Plastizität. Sie erklärt, warum vor rund 400 Millionen Jahren Wassertiere erstmals an Land gehen konnten – und sich aus ihnen alle Landwirbeltiere entwickelten. Irgendwann dann auch Sie und ich.

Möglicherweise stehen wir vor einem neuen Landgang in eine neue Bewusstseinsebene. Wird er uns gelingen?

Die Stunde Null des Schicksals

Kälte führt zu schlanken Kindern. Das titelte die Frankfurter Allgemeine Zeitung. Und es stimmt. Die Temperatur beim Geschlechtsakt, dem ein Baby folgen wird, ist ganz entscheidend dafür, wie das Kind später durchs Leben läuft. Oder sich schleppt.

Begonnen hat es mit einem interessanten Artikel im *Nature Medicine*, in dem publik wurde, dass es zu einer Programmierung des Spermas durch die Außentemperatur kommt.

Um das zu erklären, müssen wir wissen: Der Mensch hat zweierlei Arten von Fett im Körper. Das braune und das weiße Fett. Das weiße schafft die Energie für Bewegungen und Aktivitäten. Das braune Fett sorgt seit der Steinzeit, als man noch keine Wintergarderobe im Schrank hatte, dafür, dass wir nicht erfrieren. Es befindet sich unter der Haut am Rücken und im oberen Brustbereich. Kleine Kinder haben den ganzen Rücken voll von braunem Fett. Das ist der Babyspeck.

Wir dürfen nicht vergessen, die Windeln, die Kinderwagen, das Helikopter-Eltern-Dasein, das alles sind ganz junge Errungenschaften. Das war früher nicht so. Damit die Kinder keinen Kältetod sterben, haben sie von der Natur das braune Fett bekommen. Im Laufe der Zeit wurde das braune Fette immer unwichtiger. Wir haben den Fellumhang gegen ein Business-Kostüm oder einen Anzug samt Wintermantel eingetauscht. Dadurch veränderte der Körper das Verhältnis zwischen weißem und braunem Fett. Das weiße Fett, das der Körper speichert, um Aktivitäten durchführen zu können, wird seither mehr und mehr. Das schlägt sich dann auf der Waage nieder. Wenn die Relation so stark verschoben ist, dass kaum mehr braunes, aber umso mehr weißes Fett vorhanden ist, wie etwa in der Menopause, dann bilden sich unsere ungeliebten Schwimmreifen. Eine Frau im Wechsel kann die Wärme nicht mehr abstrahlen, deshalb die Hitzewallungen. All das führt zu einer Veränderung der Body-Composition, also der prozentuellen Anteile von Fett, Knochen, Wasser und Muskeln im menschlichen Körper.

Wenn nun der Mensch in einer von Haus aus wärmeren Region lebt, braucht er weniger braunes Fett als in kälteren Gegenden. Auch als Baby, weil sich der Körper nicht so vehement vor der Kälte schützen muss.

Die Information an den Organismus eines entstehenden Menschen, ob es warm oder kalt ist, kommt erstaunlicherweise über das Sperma. Nicht über die Eizelle, weil die Eizelle im Körper der Frau liegt, wo es gleichbleibend warm ist. Die Hoden hängen als Thermometer außen. Über dieses Thermometer bekommt das Kind die Erstinformation: Es ist draußen eher frisch oder herrlich lau.

In dem Moment, wo das Sperma die Information gibt: Baby, du bist hier in einer kälteren Umgebung, wird über einen hochinteressanten Mechanismus im Kind mehr braunes Fett gebildet. Das geschieht über ein endokrines Netzwerk, vor allem über ein cleveres Hormon, das Noradrenalin. Es macht aus dem weißen Fett das braune und bildet Wärme. Den körpereigenen Thermophor.

Da ist sie wieder, diese fast schicksalhafte Interaktion mit der Außenwelt.

Und dann, sechzig Jahre später in der Menopause, passiert etwas Einschneidendes. Da kommt es zu einer sogenannten Silent-Inflammation. Ein ganz ruhiger, entzündungsähnlicher Zustand.

Diese Silent-Inflammation haben wir zum Beispiel auch am Knochen, dort entsteht dann die Osteoporose, wir haben sie im Blutgefäßsystem, dort entsteht die Arteriosklerose, und genau das Gleiche gibt es auch im Fett, dort ist es besonders prekär.

Zwar wird das Noradrenalin freigesetzt, es möchte das Fett abbauen, aber da sind auf einmal die Fresszellen, die bereits erwähnten Makrophagen. Sie warten auf das Hormon wie auf einen Leckerbissen und fressen es auf. Biologie ist gnadenlos.

Deswegen sagen Ärzte: Tritt dieser Fall ein, beginnt für die Frau eine neue Lebensphase. Es ist nicht mehr die Menopause, es ist auch nicht die Andropause beim Mann, es ist die Noradreno-Pause. Der Gynäkologe sieht im Hormonstatus, dass das FSH, ein follikelbildendes Hormon, ansteigt. Genau dieses FSH gibt den Makrophagen den Befehl zum großen Fressen. Und schon verschwindet das Noradrenalin in ihren Schlünden. Da kann man fast nichts mehr machen.

Auch diese scheinbar unabdingbare Schicksalhaftigkeit könnte sich bald auflösen. Die Pharmaindustrie überlegt gerade, wie sie dem entgegenwirken könnte. Ein Ansatz ist, dass man das aufgeknabberte Noradrenalin sozusagen nachschüttet oder als Salbe auf der Haut aufträgt. Das Patent dafür stammt aus Singapur, vor Kurzem erteilt. Damit möchte man betroffenen Frauen einen dem Noradrenalin ähnlichen Stoff zuführen, gleichzeitig mit einem Schilddrüsenhormon, einem vergleichbaren Botenstoff. Ähnliche Stoffe werden auch bei Blasenproblemen eingesetzt.

Die *FAZ* brachte dazu einen großen Bericht, Titel: *Ein Blasenmittel wirkt Wunder beim Fett.* Hier ist die Forschung unterwegs. Aber der Zusammenhang geht bis zur Zeugung zurück, es ist eine Never-Ending-Story bis zur Menopause, die bei der Konzeption beginnt. Beim schicksalhaften Geschlechtsakt. Und der Frage nach dem Wo beziehungsweise der Temperatur.

Eine großangelegte Studie an 8.000 Menschen hat ihre körperliche Erscheinung in Kombination mit kalten und warmen Temperaturen untersucht. Ergebnis: Die Menschen im Norden sind schlanker und die im Süden dicker.

In Italien, können Sie jetzt einwerfen, hat das auch mit Pizza und Pasta zu tun. Na ja. Aber man sieht, wenn eine Italienerin in die Menopause kommt, hat sie häufig Gewichtsprobleme. Sogar darüber gibt es eine wissenschaftliche Arbeit. In Spanien hat das eine landesweite Studie gezeigt. Die gleiche Esskultur, die gleichen Gene. Und siehe da, es gibt tatsächlich einen Unterschied. Die Südspanier sind eher dicker, die Nordspanier eher schlanker.

Wir lernen: Die Anpassung an die Temperatur ist essenziell für Lebewesen. Beim Homo Sapiens geschieht das bei der Zeugung.

Auch hier löst sich das Schicksalhafte auf und stattdessen liegt Wissen um Mechanismen auf dem Tisch, die zeigen: Nichts ist Zufall.

Das Schicksal hat eine Anatomie. Und der Klimawandel hat hier ein zusätzliches Betätigungsfeld, unser Schicksal zu gestalten.

Das Pillen-Schicksal

Apropos Zeugung beziehungsweise – dieser kleine Bocksprung sei erlaubt – Verhütung. Es gibt ein paar schicksalhafte Dinge, die im Zusammenhang mit der Pille stehen.

Vorausschicken möchte ich: Ich bin der Letzte, der die Pille schlechtreden möchte. Ich verschreibe sie nach wie vor, jede ungewollte Schwangerschaft ist um vieles schlechter. Außerdem war das mein erstes Wissensgebiet, in das ich involviert war. Die erste große Firma in Europa, die Pillen hergestellt hat, war Schering, und von da an haben wir damals jede neue Pille mit klinischen Studien begleitet.

Der aktuelle Pillenbericht weist nun eine zunehmende Lustlosigkeit aus, die Pille zu nehmen. Ist nicht weiter tragisch, es gibt ja genügend Alternativen. Und man muss auch die Offenheit haben zu sagen, da gibt es Fakten, die Frauen zumindest kennen sollten. Alles hat Auswirkungen, wie wir wissen. Eine davon ist: Die Pille beeinflusst die Partnerwahl.

Es besteht die Gefahr, dass eine Frau, die auf die Pille setzt, schicksalhaft auf den falschen Mann fliegt. Schuld daran sind der hormonelle und der pharmakologische Hintergrund. Die Pille ändert die Sichtweise, sie kippt sie ins Romantische.

Na und, könnte man sagen. Ist doch schön. Es gehört doch ohnehin mehr Romantik in die Welt. Kann doch nicht schaden, wenn man mit Herzchen in den Augen schaut. Was soll schädlich daran sein, wenn die Frau den Mann, den sie kennengelernt hat, mit Samt im Blick betrachtet?

Stimmt. Dagegen ist nichts zu sagen. Sofern die beiden zu zweit bleiben. Pflanzen sie sich fort, sieht das anders aus.

Da haben also Mann und Frau zusammengefunden. Großartig. Sie sind verliebt. Herrlich. Sie haben Sex. Wunderbar. Die Frau nimmt die Pille. Gut. Die beiden wollen Kinder. Okay. Die Frau setzt die Pille ab und damit die Brille der Romantik.

Tja.

Auf einmal sieht der Partner genau so aus, wie er eben aussieht. Er ist, wie er eben ist. Der Traummann steht im Scheinwerferlicht der Realität. Über Nacht hat er sich verändert.

Völlig schleierhaft, wie das geschehen konnte. Sie kann sich noch genau an das erste Date erinnern, damals bei Kerzenschein in dem Lokal, in das er sie ausgeführt hatte. Was für ein toller Mann, hat sie sich gedacht. So geheimnisvoll. So interessante Augen. Und diese breiten Schultern. Humor hat er auch. Das Schicksal muss ihn mir geschickt haben. Wir passen so gut zusammen.

Wenn die Frau Glück hat, gefällt ihr die neue Version genauso gut. Aber wer hat schon so viel Glück?

Eine Studie belegt das ziemlich eindrucksvoll. Angenommen, die Frau setzt die Pille ab, und der Mann ist nach wie vor attraktiv. Dann ist die Frau zufrieden, auch ohne Pille.

Aber wehe, wenn der Mann eine Spur weniger attraktiv ist. Angenommen, er hat irgendeinen Makel, und die Frau setzt die Pille ab. Jetzt kommt sie drauf, da passt etwas nicht. Seine hormonelle Schönheitsmaske ist weg. Oje. Der arme Mann. Genau dann trifft ihn die Wucht der Weiblichkeit. Die Frau besinnt sich ihrer Werte, korrigiert ihren Fehler und schickt den Holden in die Wüste.

Was steckt dahinter?

Aus der Sicht der Frau ist die Attraktivität des Mannes grundsätzlich von Zyklusphase zu Zyklusphase unterschiedlich. Wenn die Frau in der zweiten Zyklusphase war, der Eisprung ist vorbei, die Frau ist möglicherweise schon schwanger, dann ist es wichtig, dass der Mann nicht aufmuckt. Er braucht nicht wahnsinnig schön zu sein, dafür muss er umso verlässlicher sein.

Genau diese schwangerschaftsähnliche Situation wird durch die Pille permanent simuliert. Die Frau ist quasi in einer Pseudoschwangerschaft, und in diesem Zustand sucht sie eher den Softie, den Fels in der Brandung, der halten muss, was sie sich von ihm verspricht. Wenn sie die Pille absetzt, ändert sich das. Plötzlich kommt sie drauf: Das ist ja gar nicht Clark Kent, der unter seiner biederen Brille den Laserstrahlenblick von Superman hat. Sie versteht: Das ist überhaupt kein Superman.

Für Psychotherapeuten, die eine Paartherapie machen, ist das wunderbar. Der Rat wäre simpel: Nehmen Sie die Pille, dann wird das schon wieder.

Die Pille nivelliert vieles. Sie erzeugt eben diese schwangerschaftsähnliche Situation und nimmt einen Peek weg, nämlich genau den, der in der Mitte ist, wenn die Frau den Eisprung hat, den Testosteronpeek. Ein gefühlstechnischer Ausreißer auf dem EKG der Liebe.

Übrigens: Wenn eine Frau die Pille nimmt und einen Mann heiratet, und dann vergleicht man beide, sind sie genetisch viel ähnlicher im sogenannten HLA-System. Das heißt, ihre Immunsysteme ähneln einander viel mehr, als wenn die Frau keine Pille genommen hat. Die Pille führt also auch dazu, dass Frauen Männer wählen, die ihnen auf dieser Ebene besonders ähnlich sind.

Beim Eisprung hat die Frau für zwei Tage sehr viel Testosteron. Deswegen steigt die Libido, deswegen wird auch die Frau durch das hohe Östrogen äußerst kritisch, deswegen sucht sie sich jetzt den besten Typen. Breite Backenknochen, ein ordentlicher Kerl, maskulin, großer Schulterumfang, kleiner Bauchumfang. An diesen zwei Tagen will die Frau ein Alphamännchen, und das sucht sie mit einer inneren GPS-Ortung. Dann verliert sie das wählerische Instrument. Und Mister Mittelmaß tut's auch.

Nicht nur das Testosteron, auch das Östrogen entscheidet dabei die Vorgangsweise. Das Wort Östrogen kommt von *oestros* und heißt: wie von der Tarantel gestochen. Will heißen, die Frau ist ordentlich unterwegs.

Anziehung ist Biochemie. Das schicksalhafte Aufeinandertreffen zweier Menschen hat mit der Rhythmik weiblicher Zyklizität zu tun. Die wiederum erzeugt Sympathie und Attraktivität, das darf man nicht übersehen, wenn man sich als Fremde gegenübersteht, bis man einen Kuss später auf Wolke sieben Richtung Familiengründung schwebt.

Männer wiederum verfügen über ein gewisses Sensorium. Sie scheinen zu wissen, ob eine geschlechtsreife Frau vor ihnen steht oder nicht. Sie scheinen es zu riechen. Bis zu einem gewissen Grad hängt das schon mit den Schweißfunktionen zusammen. Wir wissen heute, dass im Schweiß sehr viele Hormone enthalten sind, auch in den Körperflüssigkeiten, und dass diese Riechstoffe der Frau, aber auch des Mannes, jeweils vom anderen Geschlecht perzipiert werden. Man beschnuppert sich gegenseitig, ohne es zu wissen. Und trifft dann schicksalhaft Entscheidungen.

Mit ein Grund, wieso im Sommer die Libido steigt. Nicht nur Melatonin, das Müdigkeit, Schlafstörungen und Depressionen fördern kann, wird übers Sonnenlicht unterdrückt. Der wichtigste Faktor ist, dass man im Sommer weniger anhat.

Der Mensch nimmt die Pheromone, kurzkettige Fettsäuren oder überhaupt Steroide, die da überall gebildet werden, intensiver wahr. Die Frau hat ein ausgeschnittenes Kleid, und da wabert das Parfüm der Sehnsucht nur so raus aus dem Ausschnitt. Wenn sie einen Pelzmantel trägt, ist der Sendemast verdeckt.

Sexappeal braucht Luft.

Environmental Enrichment

Es hängt also alles zusammen. Das Immunsystem einer Frau kommuniziert mit ihrem olfaktorischen System, sprich mit den Kollegen in der Nase, und meldet mit dem Auge links und dem Auge rechts an die Generalsstabsstelle Hirn: Aufgrund der Immunsituation suchen wir einen Mann. Das Hirn überlegt nicht lang und gibt Feedback: Hey, Leute, der da drüben mit dem schwarzen Hemd, schaut's einmal, das wär' genau der richtige Papa für unser Kind.

Bingo.

Schicksalhafte Entscheidungen von der Partnerwahl über den Geschlechtsakt und die Zeugung bis zur Geburt und weit darüber hinaus. Mikroskopische Wunder, winzige Zufälle, versteckte biochemische Zeichen. Die Medizin weiß genau, wie's funktioniert. Machen muss es immer noch der Mensch.

Die Samenflüssigkeit, das ist neues Medizinwissen, hat verschiedene Stoffe. Sie hat wie gesagt die microRNA und die Ausrichtung auf Ernährung und Gewicht. Ein Aspekt. Der andere ist die Frage, ob die Anwesenheit von Liebe bei der Zeugung eine Rolle spielt.

Natürlich.

Das Gegenargument, dass viele Kinder nicht in Liebe gezeugt wurden und trotzdem gut leben, ist treffend, klar. Bei jedem Geschlechtsakt darauf zu schauen, ob die Bedingungen für die Zeugung hundertprozentig optimal seien, würde vermutlich die Menschheit ausrotten. Auf der anderen Seite ist es gut zu wissen, welche scheinbaren Nebensächlichkeiten sich später auf das Kind auswirken können. Das darf man nicht dem Schicksal anlasten, das muss man auf die eigene Kappe nehmen.

Fakt ist: Beim Liebesspiel wird das Bindungshormon Oxytocin freigesetzt. Das beeinflusst die microRNA und die wiederum die Gameten, die Keimzellen.

Platon hat geraten, als hätte er's seinerzeit schon gewusst: »Die Partnerwahl soll mit offenem Auge erfolgen.«

Außerdem: »Der Liebesakt darf nicht im Dunkeln geschehen.« Tokos en kalō. Im übertragenen Sinn: Sexualität soll ein ästhetischer Akt der Schönheit sein.

Ein Akt der Liebe obendrein.

Ein oft nicht erreichtes Zielgebot.

Die Teilnahme der Umwelt am Zeugungsakt, etwa durch die microRNA in der Samenflüssigkeit des Mannes, fasst die Wissenschaft heute unter dem Fachbegriff *environmental enrichment* zusammen. Doch auch dazu gibt es noch mehr. Und die Wissenschaft hat auch eine ziemlich rationale Version des Verschmelzens von Mann und Frau entwickelt.

Die Frau, das weiß man seit ein paar Jahren, macht beim ungeschützten Geschlechtsakt eine Blaupause vom Immunsystem des Mannes. Ihr Immunsystem gleicht sich seinem an. Außerdem bleibt die microRNA, die der Mann der Frau dabei übergibt, in ihr erhalten, und zwar über Generationen hinweg auch in der Linie ihrer Nachkommen. Die Frau kriegt gewissermaßen eine schicksalshafte Infusion beim ungeschützten Geschlechtsverkehr. Ob sie will oder nicht. Immer. Ganz automatisch.

Über das Sperma nimmt sie Dinge auf, die das *environmental enrichment* beinhalten. Es ist nicht nur von Essen und Trinken geprägt, also von dem, was der Mann so zu sich nimmt, sondern wie gesagt auch von seiner psychischen Ruhe, von Zuneigung, Glück und Zuversicht. Davon kann die Frau profitieren. Oder auch nicht. Wenn der Typ unter der Bettdecke ein Halunke ist, hat die Frau bei der Ejakulation keinen Vorteil. Spaß vielleicht, aber mehr nicht.

Mehr Segen bringt ihr ein anständiger Mensch.

Das wollen wir als Hypothese hier anführen. Dass es schicksalhaft verknotet sein könnte, wenn Anstand in der microRNA mitschwingt.

Die Prägung des Embryos

Gehen wir mit der Zeit, oder besser gesagt, fangen wir dieses Kapitel mit ihr an. Ich finde jedenfalls, es ist jetzt die richtige Zeit für ein wenig Chronobiologie. Denn auch über den Tag-Nacht-Rhythmus sind wir vom Schicksal umweht. Weil der Rhythmus der werdenden Mutter das Kind später begleitet.

Es ist doch interessant, dass jede Zelle mehr oder weniger einen Mechanismus hat, der von Sonne und Mond mit abhängig ist und der durch zweimal zwei Buchstaben gekennzeichnet ist.

BC. Zwei Gene bereiten den Tag vor. Sie heißen BMAL und CLOCK, wie die Uhr. B und C sind die Tagesgene.

PC steht für PER und CRY. Sie sind die Nachtgene.

Die BC-Gene tun am Tag, was getan werden muss, und setzen gleichzeitig etwas Spannendes in Gang: Im Hintergrund bauen sie schon die Nachtgene auf. Während sie schauen, dass der Mensch untertags ganz gut unterwegs ist, und alle seine verschiedenen Rhythmen klaglos ablaufen, kümmern sie sich auch schon um die Nacht. Sie bereiten sie vor. Als würde jemand bei einem Bett die Decke aufschlagen.

Dasselbe machen die PC-Gene, nur umgekehrt. Haben sie ein gewisses Quantum erreicht, ziehen sich wiederum die Tagesgene zurück, die Nachtschicht beginnt. Während die Nachtgene sozusagen ihr Tagwerk machen, bereiten nun sie nebenbei den Tag vor. Es ist wie ein ineinandergeschobenes Wunderwerk. So erleben wir einen Tag-Nacht-

Rhythmus, der jeweils von zwei Gengruppen gesteuert ist. Quasi Zeitschalter für den Körper. So hat das über die Zeit hinweg funktioniert, bis eine Leuchte von Mensch das künstliche Licht erfinden hat müssen. Man kann sich ungefähr vorstellen, wie das der Belegschaft in der BC- und der PC-Abteilung das Handwerk erschwert.

Das Licht nimmt enormen Einfluss auf unseren Tag-Nacht-Rhythmus.

Negativ ist vor allem das blaue Fernsehlicht. Beim späten Fernsehen wird der Rhythmus durcheinandergebracht. Der Körper identifiziert blaues Licht als Hinweis dafür, dass es Tag ist. Die Nachtgene sind brav am Werken, bereiten in ihrer Nebenbeschäftigung ganz gemächlich den kommenden Tag vor, während die Nacht anfangen möchte, und dann funkt das blaue Licht dazwischen wie ein optisches Störsignal.

Jeder kennt das in der einen oder anderen Form.

Wir schlafen ein, der Fernseher läuft und läuft, dann wachen wir ruckartig auf, drehen den Fernseher ab, gehen ins Bett und können nicht weiterschlafen. Beim Computer genau das Gleiche. Vor allem ältere Menschen sind Meister in der Disziplin, vor dem Fernseher wegzudämmern und in der Früh gerädert zu sein.

Was genau passiert dabei in uns?

Das Gehirn kann überhaupt nicht abschalten, besser gesagt, es hat keine Möglichkeit, sich mit sich selbst zu beschäftigen. Zu regenerieren. Zu schauen, dass sich der gesamte Körper erholt. Darauf ist der Mensch aber angewiesen. Mehr noch. Wenn das gesamte System aus dem Gleichgewicht ist, sind auch die Rhythmen durcheinander, die der Körper in jedem Organ hat.

Die vier Gene, BMAL, CLOCK, PER und CRY sind zum Beispiel dafür verantwortlich, dass Insulin in der Früh freigesetzt wird, und nicht in der Nacht. Das heißt: Der Mensch soll essen, nachdem er aufgewacht ist.

Das weithin bekannt gewordene Intervallfasten mit der 16/8-Stunden-Regelung, also innerhalb von acht Stunden zu essen und 16 Stunden inklusive Schlafenszeit zu fasten, funktioniert nicht, wenn man sie falsch anwendet. Wenn man sich einbildet, man verzichtet auf das Frühstück und das Mittagessen und isst erst ab Nachmittag oder Abend und zieht das kalorienfreie 16-Stunden-Intervall bis zum nächsten Tag über das Frühstück hinaus – tja, so leid es mir tut, aber das ist das Schlechteste, was man machen kann.

Denn der chronobiologische Rhythmus bringt in der Früh das Insulin hervor und erwartet dafür eine Belohnung in Form eines Frühstücks. Wenn Sie jetzt das machen, was besonders ungesund ist, nämlich um eins in der Nacht in einem Anfall von Heißhunger Spaghetti carbonara zu verschlingen, dann gibt es kein Insulin mehr.

Der Körper schreit: Was ist da los? Jetzt muss er das schlafende Insulin aufwecken, das will natürlich nicht aufstehen, deshalb muss er das müde Insulin aus der Bauchspeicheldrüse rausziehen. Chaos. Man kommt in einen diabetesähnlichen Zustand, auch später, während des Tages. Das ist ein Grund, warum man diese 16/8-Regelung richtig machen muss. Und warum man nicht vor dem Schlafengehen den Kühlschrank plündern sollte.

Übrigens werden auch die Lymphozyten, die Abwehrzellen, von Mitternacht bis drei Uhr aktiv. Hat der Mensch eine Infektion, dann kommt um diese Zeit der größte Fieberschub. Dann haben die Lymphozyten zumindest kurzfristig den Feind bewältigt, und in der Früh geht das Fieber weg. Das Fieber ist nichts anderes als ein Kampf der Immunzellen gegen Viren und Bakterien. Die Kavallerie reitet.

Der Cortisol-Pegel wiederum ist in der Früh um sechs Uhr am höchsten, der Hauptgrund, warum die mit Stress zusammenhängenden Herzinfarkte meistens in der Früh passieren. Weil das Cortisol morgens den Körper in einen gesunden Stress versetzt, aber der gesunde Stress hat natürlich, wenn die Blutgefäße schon ramponiert sind, unangenehme Seiten. Dann pumpt und pumpt das Herz, und irgendwann ist er da, der Infarkt. Entsetzt fasst sich der vom Leben gehetzte Mann links an die Brust, ringt nach Luft, bricht zusammen, und die Rettung kommt mit Blaulicht angefahren.

Wie uns die Chronobiologie lenkt

Die Chronobiologie hat massive Auswirkungen auf das Tun des Menschen. Zeit ist Leben, könnte man sagen. Körperinterne Abläufe sind exakt definiert, Störungen bringen das Gefüge ins Wanken. Besonders in der Schwangerschaft.

Schicksalsträchtige Momente. Das Kind im Mutterbauch bekommt den Tag-Nacht-Rhythmus der Mutter bis zu einem gewissen Grad mit, beide sind vom Schicksal durch die Nabelschnur verbunden.

An der Universidad Austral de Chile in Valdivia hat ein Forscherteam diesbezüglich Versuche mit Mäusen unternommen. Ergebnis: Wird dieser gestörte Tag-Nacht-Zyklus vom Kind übernommen, kommt es beim kindlichen Herzen während der Schwangerschaft und im späteren Leben zu einer völlig anderen Genablesung.

Das ist der Fluch der Chronodisruption.

Es werden im fetalen Herzen, wenn die Mutter sich nicht an die Zyklizität hält, 280 Gene schlecht abgelesen und 109 Gene unterdrückt. Das heißt, 389 Gene sind im Kind verändert, wenn die Mutter während der Schwangerschaft die Nacht zum Tag macht.

Vor allem betrifft das das Gen miRNA 218, verantwortlich für die sogenannte Kalzifikation. Das Kind hat später ein höheres Risiko, dass die Blutgefäße verkalken. Außerdem stören andere Gene die Hormonbildung. Es geschieht nicht gleich, es kommt erst nach dreißig, vierzig Jahren zum Tragen. Insofern wäre es für die Schwangerschaftsbetreuung wichtig, der Mutter zu sagen: »Bleib nicht bis um eins in der Früh vor dem Computer sitzen. Das tut dem Kind nicht gut, und dir ja auch nicht.«

So kann sich zum Beispiel der Kalziumspiegel verändern. Ein niedriger Kalziumspiegel in der Schwangerschaft ist an sich schon schlecht. Denn Kalzium hat großen Einfluss auf den Blutdruck. Ist der Kalziumspiegel der Mutter zu niedrig, dann baut das Kind später als Kompensation so viel Kalzium auf, dass es mit großer Wahrscheinlichkeit irgendwann an zu hohem Blutdruck laboriert. Die Kontrolle des Kalziumspiegels ist deshalb ein praktisches Beispiel, wie die Mutter auf das künftige Schicksal des Kindes relativ einfach aufpassen kann. Gute Kalziumquellen sind Spinat, Fenchel, Brokkoli, Grünkohl, Scholle, Milch, Hüttenkäse, Joghurt und Tofu.

Nächtliches Licht und eine Störung der Chronobiologie können zudem die Degeneration der Nieren oder eine nichtalkoholische Leberzirrhose zur Folge haben. Überall lauern Gefahrenmomente, die nicht unbedingt auftreten müssen. Aber auch hier gilt: Vorbeugen ist besser als heilen.

Ich darf an dieser Stelle anmerken: Keine junge Mutter muss panisch werden, wenn sie eine Staffel von *Ray Donovan* oder *Suits* bis drei in der Früh fertigschaut. Manchmal muss so etwas einfach sein. Nicht weiter schlimm und sicher keine Sünde. Wir reden hier von der regelmäßigen Unterbrechung des Zeitgefüges.

Ankunft auf dem Planeten Erde

In den neun Monaten nach dem schicksalhaften Akt ist viel geschehen in der fetalen Entwicklung. Schon zwanzig Tage nach der Befruchtung, so weiß man heute, bildet der gerade mal zwei Millimeter große Keimling namens Embryo die Anlagen für Leber, Lunge, Magen und Bauchspeicheldrüse, sogar die Herzklappen sind vorgeformt.

An der Spitze des primitiven Neuralrohrs beginnt sich das winzige Gehirn zu formen, von da an in einer solchen Geschwindigkeit, dass der Kopf am Ende der fünften Woche unverhältnismäßig riesig erscheint und die Hälfte des gesamten künftigen Menschen ausmacht.

In der neunten Woche nimmt die Leibesfrucht, die Fachleute jetzt als Fetus, Nachkomme, bezeichnen, allmählich menschliche Gestalt an. Die Augen wandern von den Schläfen nach vorn, es wachsen Lider, auch Ohrmuscheln sind bereits zu erkennen. Wenig später kann der Fetus seine Händchen zu Fäusten ballen. Von der 15. Schwangerschaftswoche an bewegt er Arme und Beine, schlägt Purzelbäume in der Fruchtblase und trainiert das Saugen.

Seine feuchtwarme Umgebung nimmt das künftige Kind vorerst über den Tastsinn wahr, doch nach rund zwanzig Wochen ist auch das Gehör funktionsfähig. Sechs Wochen später sind die Augen voll entwickelt. Das Ungeborene kann nun schmecken und erkennt sogar bestimmte Aromen, die sich durch die Nahrung der Mutter im Fruchtwasser finden, nach seiner Geburt wieder.

3-D-Ultraschallaufnahmen zeigen, dass das Kind im Bauch schon Grimassen zieht, dass es gähnt, weint und Schluckauf hat.

Zwillinge scheinen einander sogar als potenzielle Spielgefährten wahrzunehmen: Sie grapschen in der 14. Woche deutlich häufiger nach den Gliedmaßen ihres Mitbewohners als nach ihren eigenen.

Willkommen, Baby. Das ist der Planet Erde. Das ist deine Mama.

Der Säugling kommt bei Weitem nicht als unbeschriebenes Blatt zur Welt. Schon in der Schwangerschaft wird das Kind in seiner Gehirnentwicklung extrem beeinflusst, aber nun kommt etwas völlig Neues dazu: Das menschliche Gehirn bildet im Übermaß Nervenzellen. Vor allem in der frühen Kindheit, aber wahrscheinlich schon in der Schwangerschaft, beginnt das Gehirn zu sortieren, was es braucht und was nicht.

Was der Computer im Kopf nicht braucht, wird eliminiert. Es wäre sonst einfach zu viel da. Die Entscheidung, was nützlich ist und was nicht, richtet sich danach, ob diese Gehirnareale aktiv werden oder passiv bleiben. Wenn sie ruhen, wird dort die Synapsenaktivität abgeschaltet und die neuronale Vernetzung eingespart. Der menschliche Körper geht extrem darwinistisch vor, muss man sagen. Sehr zielgerichtet und überlegt. Was nicht unbedingt notwendig ist, schleppt er auf der langen Reise namens Leben nicht mit. Weg mit dem Ballast. Raus mit dem Mist. Fort mit dem Tand.

Es ist wichtig, eine gute Schule zu haben, das wissen wir seit Langem. Inzwischen gibt es auch eine Bewegung, die begreift: Es ist wichtig, einen guten Kindergarten zu haben. Aktuell macht die Wissenschaft noch einen Schritt nach vorne und vermutet: Es ist sogar das letzte Drittel der Schwangerschaft wichtig für die Erziehung, denn da fallen schon entscheidende Würfel.

Also nicht nur auf die Kindergärten und schon gar nicht auf die Schulen – bei ihnen ist schon vieles zu spät –, sondern vor allem auf die Schwangerschaft kommt's an. Dazu gibt es einen neuen Begriff: *postconceptional education.*

Von Tierversuchen wissen wir, dass die nächste Generation nicht nur Signale über das Gehör bekommt, sondern wahrscheinlich auch über Licht, selbst in der Gebärmutter sowie über die chemosensorischen Neuronen, die das Kind ab der 27. Woche oder wahrscheinlich schon früher im Gaumen entwickelt.

Dazu gibt es den Apfelvergleich bei der Ratte. Wenn die Mutter mit Äpfeln gefüttert wird, entwickelt das Junge übers Fruchtwasser einen besonderen Bezug zu Äpfeln. Später im Leben wird es Äpfel mögen. Im negativen Beispiel funktioniert das genauso mit Zigarettenrauch. Da geht dieser chemosensorische Aspekt in das Fruchtwasser hinein, und das kann später zum Risikofaktor werden. Weil das Kind das Nikotin als Erwachsener sucht.

Das Kind schmeckt also schon sehr früh. Dieser Sinn bewirkt, dass die Gehirnareale, die dafür wichtig sind, aktiviert werden.

Lernen, die Grundlage für adaptives und intelligentes Verhalten, basiert auf plastischen Veränderungen in neuronalen Baugruppen. Insbesondere das auditive Lernen. Das Hören. Es beginnt lange vor der Geburt.

Weil das Kind sich epigenetisch auf das Ambiente vorbereitet, in das es hineingeboren wird. Wenn es gewisse Geräusche in der Gebärmutter hört und später wiederholt wahrnimmt, ist es weniger gestresst, als wenn plötzlich ganz andere Geräusche da sind.

Das Kind merkt sich im Mutterbauch, was es hört. Wenn es auf der Welt ist und das gleiche Geräusch wahrnimmt, dieselbe Mutterstimme, den gleichen Lärm in der Küche, dann ist es beruhigt. Deswegen ist es so wichtig, dass das Kind bei der Mutter bleibt. Man soll es nicht aus Heiterkeit oder Überforderung weggeben, nur wenn es wirklich notwendig ist.

Besonders gut hat es die Wissenschaft bei der Musik bewiesen. Es gibt ein ganzes Konvolut von Arbeiten über sensorische Reize und die Fähigkeit des Kindes, Musik zu hören. Es ließ sich vielfach beobachten, dass Kinder im Mutterleib sich mit der Musik, die sie hören, bewegen. Würde ein Gynäkologe einem Kind im Mutterleib ein bisschen Bewegung beibringen wollen, müsste er nur die Musik aufdrehen.

Der Umstand hat darauf aufmerksam gemacht, dass es da einen merkbaren Zusammenhang gibt. Das Kind wird, das hat man erst später gesehen, aufmerksamer nach der Geburt, wenn es eine einfache Musikstelle hört, die es schon in der Schwangerschaft gehört hat. Das fällt alles unter einem Begriff zusammen: Diskriminierungsfähigkeit.

Das hat nichts mit der Diskriminierung von Ausländern oder sonstigen Minderheiten zu tun. Diskriminieren bedeutet: Man kann unterscheiden. Das, was ich noch nicht gehört habe. Oder das, was ich schon gehört habe.

Es gibt dieses berühmte Experiment. Die Kinder scheinen besonders auf Vokale zu reagieren. Man hat daher einen interessanten Versuch gemacht: Zwei- bis dreisilbige Pseudowörter mit dem Vokal A wurden dem Kind in der Gebärmutter immer wieder vorgesagt. Ta-Ta-Ta.

Mit einer kleinen Änderung in der Mitte. Ta-To-Ta, aber immer endend mit dem A. Darauf reagiert das Kind besonders. Interessant, dass es in jeder Sprache offensichtlich so ist. Das A ist der längste Vokal. Vielleicht hat es damit zu tun. Ma-Ma. Pa-Pa. Vielleicht kommen davon auch diese beiden Wörter.

Und dieses A prägt sich ein, bevor das Kind auf der Welt ist. Ist es dann ein paar Tage alt, und man sagt Ta-Ta-Ta oder Ta-To-Ta, reagiert es positiv darauf. Das zeigt, dass sich das Kind schon vor der Geburt ein neuronales

Gedächtnis aneignet. Es kann unterscheiden. Denn, wenn man dem Kind Lo-Lo-Lo sagt, reagiert es nicht. Es erkennt den Unterschied.

Im Zuge einer Studie spielten Mütter während des letzten Drittels der Schwangerschaft fünfmal pro Woche die Melodie *Twinkle Twinkle Little Star*, ein bekanntes englisches Wiegenlied. Nach der Geburt und dann wieder im Alter von vier Monaten spielten die Wissenschaftler den Säuglingen eine modifizierte Melodie vor, in der einige Noten geändert wurden. Beide Male reagierten die Babys trotzdem auf das Lied.

Interessant in diesem Zusammenhang ist auch die Prosodie, der Rhythmus, mit dem die Mutter redet. Wenn das Kind schreit und weint, hat es erstaunlicherweise die Prosodie der Mutter. Das heißt, das Weinen des Kindes imitiert die mütterliche Art zu sprechen. Dafür gibt es einen eigenen Begriff: neuronale Repräsentation. Die Säuglinge registrieren die Stimme ihrer Mutter sogar im Schlaf.

Daniela Sammler, Neuropsychologin aus Leipzig, sagt ziemlich treffend: »Es ist noch zu früh, um Musik zum Allheilmittel zu erklären. Wir müssen erst herausfinden, warum sie positiv wirkt, um auch die Krankenkassen zu überzeugen.«

Die New Yorker Psychologin Catherine Monk, die den Ursprung depressiver Erkrankungen im Mutterleib verortet hat, sagt: »Die Startlinie für die psychische Entwicklung verschiebt sich bis weit vor die Geburt.«

Der Göttinger Neurobiologe Gerald Hüther sagt: »Das ganze Leben ist eine Entdeckungsreise – vieles spricht dafür, dass wir den spannendsten Teil schon hinter uns haben, wenn wir auf die Welt kommen.«

Schicksalhaftes geschieht also in der Gebärmutter.

Die *ORF*-Journalistin Renata Schmidtkunz hat mir vor Kurzem erzählt: Als sie schwanger war, habe sie ununterbrochen Schubert gespielt. Ihre Tochter, an sich Psychologin von Beruf, ist eine Schubert-Virtuosin am Klavier geworden.

Natürlich gibt es Genies, ohne dass die Mutter das gefördert hat. Das Schicksal wird ja noch selber Wunder wirken dürfen, nicht wahr?

In den USA und in Großbritannien laufen dennoch umfangreiche Langzeitstudien. Mehr als hunderttausend Kinder werden derzeit von ihren frühesten Anfängen im Mutterleib bis ins Erwachsenenalter vermessen, durchleuchtet, beobachtet.

Doch schauen wir uns die Sache mit der Musik anhand einer Musiker- und Komponisten-Dynastie an. Dazu gehen wir mehr als zweihundert Jahre zurück in der Zeit.

Dazu brauchen wir ein bisschen Musik im Hintergrund. Idealerweise einen beschwingten Walzer von Johann Strauss. Das ist leicht, bekömmlich und passt perfekt zu unserem Thema. Alles Schicksal!

Der Strauss-Faktor

14. März 1804. Lebhaftes Treiben im zweiten Wiener Bezirk, Floßgasse 7. Das Bier schäumt, Steinkrüge krachen zusammen, prost, meine Herren! Männer in derben grauen Wollanzügen, die Hemden gestärkt, die Schuhe halbherzig poliert, sitzen bei Tisch. Überall tönt Musik. Das Leben ist ein Orchester. Jeden Tag und jeden Abend wird im Wirtshaus »Zum heiligen Florian« groß aufgespielt. Der Chef heißt Franz Borgias Strauss. Seine Eltern hatten früher das Lokal betrieben, er selbst war Kellner hier, mit 39 hat er die Gastwirtschaft übernommen. Die jährliche Gewerbesteuer beträgt fünf Gulden.

Franz Borgias ist der Vater von Johann Strauss I., der heute, an diesem 14. März 1804, das Licht der Welt erblickt. Zumindest geht man davon aus, dass er der Vater ist. Die Mutter, Barbara Strauss, geboren Dollmann, wirkt überglücklich, als sie ihr Baby in Händen hält wie den größten Schatz des Universums. Von irgendwoher tönt Musik. Der stolze Bierwirt, bereits zum dritten Mal Papa, hat noch keinen Schimmer, welchen Einfluss jede einzelne Note, die da zu hören ist, auf die Entwicklung seines Sohnes haben wird. Melodien und Harmonien versetzen die Sinne in Schwingung, auch bei Säuglingen. Es ist, als würde man mit einer Stimmgabel eine magische Tür öffnen, die anderen verschlossen bleibt. Eine Tür, die in eine Welt neuer Gefühle führt.

Musikalität hat in der Strauss-Dynastie immer einen besonderen Nachhall. Sie gehört zum Leben wie die Luft zum Atmen. Schon im Mutterleib hat Johann Strauss I., heute Johann Strauss Vater genannt, Musik als Geschenk mitbekommen und als Ungeborener sogar noch vor der Muttermilch aufgenommen. Das ist nichts anderes als eine pränatale Prägung durch die Umwelt. Der Gesang liegt im Erbgut und bringt die Doppelhelix zum Tanzen.

Vieles deutet in der aktuellen Forschung darauf hin, dass es sich bei der Weitergabe von Intelligenz und Musikalität an die nächsten Generationen ähnlich verhält. Ein Mix aus Genetik, Epigenetik und microRNA.

Schicksale entstehen im Uterus, dem Lebensbiotop.

»Im Wesen der Musik liegt es, Freude zu machen«, hat Aristoteles gesagt und damit genau den Ton getroffen. Neurowissenschaftler erbrachten aktuell den Beweis, dass es im Gehirn angeborene Strukturen für die Bearbeitung von Musik gibt. Die Forscher fanden heraus: Anlagen für Gehör und auch für Sprache werden im Mutterleib sogar wesentlich ausgeprägt.

Also lange vor der Geburt, wenn das Leben, die große Show, erst offiziell beginnt. Ungeborene bekommen es mit, wenn die Mutter singt. Das weiß man schon. Je früher sich Kinder mit Musik beschäftigen, desto besser für ihr Wohlbefinden, aber auch für die Entwicklung und Vernetzung des Gehirns. Erstaunlich die Erkenntnis: Menschen, die Musik machen oder auch nur hören, beeinflussen dadurch ihre Gene. Bitte nicht vergessen, wenn Sie das nächste Mal Bach auflegen oder Rammstein streamen. Apropos Bach. Besonders auffällig: In dieser Dynastie waren gleich 48 von 55 männlichen Ahnen in insgesamt sechs Generationen Musiker. Das kann kein Zufall sein.

Gene sind hellhörig.

Schüler in Finnland nahmen an einer Studie teil, die ebendas bestätigt. Nachdem sie Musik gehört hatten, waren bis zu 78 Gene aktiver als davor. Genau jene, die Lernen und kognitive Leistung fördern, zudem die Ausschüttung und den Transport des Glückshormons Dopamin anregen. Parallel dazu wurden hirnschädigende Substanzen minimiert.

Zurück zur Familie Strauss und ihrem Bierwirtshaus. »Zum guten Hirten«. Im Gebäude in der Floßgasse 7, früher Kleine Schiffgasse, führte ab 1803 Franz Borgias Strauss die Geschäfte, und sein Neugeborenes schreit munter vor sich hin. Die pränatale Prägung von Johann Strauss Vater liegt auf der Hand. Ebenso die frühkindliche. Wenn er als Baby und später als Kleinkind mit der Mutter in der Wirtsstube war und dort die Musik mitbekommen hat.

Der weitere Lebensweg von Johann Strauss Vater ist weniger melodiös, von Einklang keine Rede. Seine Mutter Barbara stirbt an schleichendem Fieber, als er sieben ist. Sein Vater heiratet noch einmal und stirbt, als Johann zwölf ist, vermutlich durch Selbstmord in der Donau. Oder, wie Dr. Eduard Strauss, Senatspräsident am

Oberlandesgericht Wien und sein direkter Nachfahre, heute meint: »Vielleicht ist er auch einfach nur besoffen ins Wasser gefallen.«

Wie auch immer. Mit zwölf ist der Bub Vollwaise. Johann Strauss wird von Schneidermeister Anton Müller betreut, nicht adoptiert, aber gehegt und umsorgt. Er schickt Johann in die Buchbinderlehre. Die schließt er 1822 ab. Er ist freigesprochen, wie es zu der Zeit heißt, als Buchbinder-Geselle. Den Beruf übt Johann aber nie aus. Er wendet sich sehr früh der Musik zu. Nicht bekannt ist, ob er noch zu Lebzeiten der leiblichen Eltern Geigenunterricht erhalten hat oder erst später auf Vermittlung seines Ziehvaters.

Überall tönt Musik. Das Schicksal geigt auf.

Mit 19 kommt Johann Strauss mit dem drei Jahre älteren Joseph Lanner in Kontakt, der ein Ensemble gegründet hat. Strauss ist mit von der Partie. Zuerst als Bratscher, doch einfach nur dazuzuspielen, ist ihm bald zu wenig. Deshalb beginnt Johann, Gegenstimmen zu komponieren. Das lässt sich anhand der Lanner-Arrangements rekonstruieren. Wir schreiben das Jahr 1823.

Dann schwängert Johann Strauss Vater eine Wirtstochter. Erst will er nach Graz fliehen, doch der künftige Schwiegervater nötigt ihn, Verantwortung zu übernehmen. Er muss Geld verdienen, mehr als bisher. Johann trennt sich von Lanner, nicht im Bösen, wie oft behauptet wird, sagt Nachfahre Dr. Eduard Strauss, und gründet eigene Ensembles. Das waren mal ein Quartett, mal fünf Musiker, mal zwölf. Später waren es bei Strauss' Reiseorchester bis zu dreißig Musiker.

Johann Strauss Vater revolutioniert die Unterhaltungsmusik. Auch, weil er ein völlig neues Geschäftsmodell entwickelt: Er betreibt Marketing im modernen Sinn. Da werden zum Beispiel erstmals in der Geschichte Lithografien mit dem Gesicht des Komponisten auf den Klavierauszügen gedruckt, damit die Leute das Gesicht kennenlernen.

Diese Art der Imagepflege entwickelt Johann Strauss Vater zusammen mit seinem Verleger Tobias Haslinger. Die können einfach gut miteinander.

Strauss bleibt zu Hause. In seiner Wohnung in der Lerchenfelder Straße 15. Er arbeitet, komponiert, probiert, kopiert und radiert so besonnen wie besessen. Er lebt mit seiner jungen Frau, der Wirtstochter Anna Streim, und heiratet sie, als sie hochschwanger ist mit Johann. In dieser Wohnung sind die Verhältnisse relativ beengt. Umso mehr kann man hier von der epigenetischen Prägung des noch ungeborenen Johann sprechen. Musik wirkt auf ihn ein, permanent, im Mutterleib.

Der Muttermund singt.

Die Gebärmutter als Designerorgan.

Der Vater führt ein zurückgezogenes Leben, versunken zwischen fünf horizontalen Linien und einem Notenschlüssel, seiner Matrix, die den Ton in seinem Kopf angibt. Kollegen und Ensemble-Mitglieder kommen zu ihm nach Hause, um Musik zu machen. Es gibt keinen Probenraum, kein Musikstudio, kein Separee für ein Genie. Der Haushalt ist zugleich Büro, alles in fließendem Übergang. Musik liegt in der Luft.

Das Marketing zeigt Erfolg. Regelmäßig spielt er jetzt mit einem zwölfköpfigen Orchester, das ebenfalls bei ihm zu Hause probte, in Gaststätten Wiens auf. 1829 schließt er erstmals einen Dreijahresvertrag ab, mit dem Wirt des damals berühmten Unterhaltungs-Etablissements »Zum Sperl«. Das ist für Tanzmusik-Komponisten eine absolute Neuheit. Auch werden unter ihm fixe Eintrittspreise eingeführt – bisher war es üblich, den Hut reihum gehen zu lassen. Wenn die Leute im Voraus Geld bezahlen, muss auch die musikalische Qualität ein gleichbleibendes Niveau haben. Also wird umso mehr zu Hause gearbeitet, geprobt und getüftelt. Ein neues Qualitätsbewusstsein für Musik ist die Folge.

In dieser Zeit ist es noch üblich, dass ein Verleger eine neue Komposition kauft. Für ein Einmal-Honorar. Danach werden die Stücke bearbeitet und in verschiedensten Variationen feilgeboten, je nachdem, wer der Käufer ist. Von Reich bis Arm. Es gibt Arrangements mit zahlreichen Instrumenten, Klavier, Zither, Streichern für die Reichen, leicht, mittel, schwer – und solche mit nur zwei Geigen für die weniger Betuchten.

Sie wünschen, wir komponieren. Johann Strauss Vater liefert frei Haus. Insgesamt schreibt er 156 Walzer, 34

Galoppe, 32 Quadrillen, 21 Märsche und 13 Polkas. Auch sonst ist er recht aktiv. Er zeugt sechs eheliche und sieben uneheliche Kinder. Zu der Zeit gibt es weder Fernseher noch Internet und schon gar keine Smartphones.

Damals weiß man es noch nicht so genau wie heute: Musiker kommen nicht mit anderen Gehirnen zur Welt.

Es ist die Musik, die ihre Gehirne verändert.

Die ersten fünf ehelichen Kinder des Ehepaars Strauss wachsen alle noch in relativ beengten »Geschäftshaushalten« auf. Sie alle erleben eine Atmosphäre voller Musik. Von früh bis spät. Sowohl Johann II., der spätere Walzerkönig, wie auch der Zweitgeborene Josef. Er gilt als Genie wider Willen. Ebenso die folgenden drei, Anna, Therese und Ferdinand.

So ein Zuwachs braucht Platz. Die Familie übersiedelt in die Taborstraße 17b. Ein ganzes Stockwerk im sogenannten Hirschenhaus, das korrekt »Zum goldenen Hirschen« heißt. Vier Wohnungen, die zu einer einzigen zusammengefasst sind. Das Haus gehört der Patrizier-Familie Neuling-Richter und reicht in frühen Erwähnungen bis in die Zeit der ersten Türkenbelagerung zurück.

Nachfahre Dr. Eduard Strauss spricht von einer kaum zu erfassenden Zimmerflucht, bis zu zwanzig große Räume. Riesig. Alle miteinander verbunden. Keine abgetrennten Probenräume. Auch hier herrscht die Musik allgegenwärtig vor. Ein Leben auf der Tonleiter. Nur eben auf wesentlich mehr Platz als zuvor.

Eine ständige Prägung. Vor der Geburt wie bei Eduard oder frühkindlich. Als die beiden Brüder Johann und Josef noch klein sind, spielen sie schon vierhändig die Walzer ihres Vaters.

Josef, das Genie wider Willen, macht als Bub erste Kompositionen. Er will seltsamerweise nie Profimusiker werden, sondern Architekt oder Bauingenieur. Immerhin erfindet er später eine Straßenkehrmaschine. Noten aufs Papier zu setzen, fällt ihm so leicht wie Reden oder Ballspielen.

1835. Die Mutter wirkt als ständige Triebfeder für die Musikalität der Söhne. Zwei Monate nachdem der Jüngste, Eduard, zur Welt gekommen ist, bekommt auch die Geliebte von Johann Strauss, die Modistin Emilie Trampusch, ihr erstes Kind von ihm. Insgesamt werden es dann acht sein. Das ist der Auftakt für einen späteren Scheidungskrieg der Sonderklasse.

1843 stirbt Joseph Lanner. Der Erstgeborene Johann ist jetzt 18 Jahre alt, steht in der Ausbildung zum Bankkaufmann. Seine Mutter Anna drängt ihn, die Ausbildung abzubrechen. Aus dem einfachen Grund: Sie will, dass er die Marktlücke durch den Tod Lanners sofort schließt. Damit sich die Familie für den Scheidungskrieg wappnet.

Die Mutter treibt das Musiktalent der Kinder voran, aus praktischen Überlegungen. Damit die Einnahmen stimmen. Damit sie nicht von allfälligen Alimenten ihres künftigen Ex-Manns Johann abhängig ist. Johann II. gehorcht. Am selben Tag, an dem Johann Strauss Junior sich in Begleitung seiner Mutter Anna offiziell als Musiker beim Magistrat anmeldet, geht er im Anschluss daran mit ihr zu Gericht, damit sie die Scheidung einreicht. Es ist der Beginn eines fünfjährigen musikalischen Unabhängigkeitskrieges. 1849 stirbt Johann Strauss Vater unerwartet mit 45 Jahren. Er hat sich bei einem seiner unehelichen Kinder mit Scharlach angesteckt.

Scharlach als Schicksal. Der rote Tod. Heute nur mehr eine Bagatelle.

Sohn Johann übernimmt die Strauss-Kapelle. Das Geschäft brummt. Eine einzige Hetzjagd zwischen Ballsälen, Soireen und Serenaden. Bis Johann zusammenbricht. Im Sommer 1853 muss der zweite Sohn, Josef, das Genie wider Willen, herhalten und ins Familienunternehmen einsteigen. 1855 debütiert auch der Jüngste, Eduard. Erst als Harfenist in der Kapelle seines ältesten Bruders Johann, 1862 wird er Dirigent der Strauss-Kapelle.

Vor allem Johann und Josef arbeiten jahrelang in ständiger wechselseitiger Atmosphäre der künstlerischen Befruchtung. Johann sagt später über seinen Bruder: »Josef ist der Begabtere, ich bin der Populärere.« Josef hat die Ideen, Johann setzt sie volkswirksam um. Die beiden prägen sich die ganze Zeit über gegenseitig. Johann schafft 1866 den Walzer *An der schönen blauen Donau* und weiß noch nicht, dass er Österreich damit eine Hymne schenkt, die zu jedem Jahreswechsel, an jedem 31. Dezember, ex-

140

akt um Mitternacht ertönt. Josef komponiert für den Familienbetrieb. 1870 stirbt er.

Das Geschäftsmodell der Familie Strauss war eine absolute Neuheit. Niemand zuvor hatte so eine familiäre Maschinerie angeworfen, die zugleich alle Marketing-Register zog. Andere machen es ihnen jetzt nach.

Die familiäre Prägung durch Musik setzt sich später über Generationen fort. Der Jüngste, Eduard I., lebt auch mit seinen Kindern im gemeinsamen Haushalt im Hirschenhaus. Er hat zwei Söhne. Josef und Johann III., ebenfalls Berufsmusiker. Alle leben und arbeiten unter einem Dach. Bis Eduard seine beiden Söhne hinauswirft, weil sie ihn um viel Geld gebracht haben.

Eines seiner Enkelkinder, Eduard II., ist Vater von Dr. Eduard Strauss, den ich gut kenne. Er ist hauptberuflich Jurist und Senatspräsident am Oberlandesgericht Wien, aber für ihn ist es selbstverständlich, die Familientradition hochzuhalten. Dr. Strauss ist nicht nur Obmann des Wiener Institutes für Strauss-Forschung sondern auch selbst Chorsänger und administrativer Manager der Chorvereinigung *Schola Cantorum.*

Und es geht in der nächsten Generation weiter. Dr. Strauss erzählt von seinem Sohn, dem jüngsten Spross des Clans. Er habe mit einer Freundin Schluss gemacht mit dem Argument, sie habe so gar keinen Bezug zu Musik. Sie benutze Musik nur, damit ihr beim Autofahren nicht schlecht werde. Jetzt ist er mit einer Musikliebhaberin liiert. Er selbst lebt seine musikalische Prägung als Sänger im selben Chor wie sein Vater aus.

Dialog mit der Ewigkeit

Die Strauss-Dynastie ist ein klangvolles Beispiel dafür, wie die Naturwissenschaft aufgrund aktueller Forschungen Schritt um Schritt Phänomene erklärt, die die Menschheit lange dem Wirken des Schicksals als höhere, unbeeinflussbare Macht zugerechnet hat. Es war die Macht der Musik, ihre stete Präsenz, das Tönen schon vor der Geburt und danach, die rhythmische Allgegenwärtigkeit, die den Straussen eine Richtung vorgegeben hat. Einen Wegweiser zu ihrer Bestimmung. Hätte es damals schon Tonstudios gegeben, in denen die Väter fern ihrer Familien geprobt und musiziert hätten, hätten wir heute keinen Donauwalzer.

Da ist sie wieder, diese Diskrepanz, zwischen »dem Schicksal ausgeliefert sein« und »das Schicksal gestalten.«

Such's dir aus, ob du gestalten willst oder zermalmt wirst, ganz einfach. Auch wenn es nicht immer klappt, Gestalter sind besser als Verwalter.

Gestalter stehen im Dialog mit der Ewigkeit.

Und dann passiert das Wundersame, das Schicksalhafte: Gedanken werden zu Taten, und Taten werden zu Schicksalen. Schicksal ist überall.

Im Hintergrund ertönt ganz leise eine bekannte Melodie. Ein Pärchen schwebt übers Parkett, beide wiegen sich in Gleichklang des Rhythmus. Ihr Linkswalzer erinnert an Johann Strauss ...

Leonard Cohen hat das so wunderbar gedichtet und gesungen: *Dance me to the end of love.*

Tanz mit mir bis ans Ende der Liebe.

Sicherlich ist Musikalität zum Teil genetische Weitergabe, aber sie ist auch durch unterschiedlichste Prägungsmechanismen bestimmt, die sich später wiederum im Erbgut befinden. Sozusagen als echte Mutation.

Erst wird durch die Umwelt verändert, indem der Schalter der Gene anders betätigt wird, und nachher wird diese Variation zur realen Mutation. Da wird auf den Topf des Daseins der Deckel draufgesetzt.

Klong.

Die schicksalhaften
ersten Monate

Transmission ist das Weiterreichen von Einstellungen, Verhaltensweisen und Lebensabschnitten an die nächste Generation. Eltern geben ihren moralischen Kompass an die Kinder weiter. Ihre Gedanken werden zu den Gedanken der Kinder. Politische Ausrichtung, religiöse Werte, Kunstverständnis. Das Elternhaus sorgt für die generelle Einstellung des jungen Menschen, im Guten wie im Schlechten.

In zahlreichen Lebensbereichen haben Forscher solche Phänomene entdeckt: Kinder von Langzeitarbeitslosen werden, statistisch gesehen, selbst oft langzeitarbeitslos. Töchter von Teenagermüttern werden selbst häufig junge Mütter. Gewalt in Familien überträgt sich ebenso häufig über Generationen wie Missbrauch, Sucht oder Panikattacken.

Nicht nur den Genen kann man alles in die Schuhe schieben, denn in der Familie entfaltet alles seine Wirkung, was Menschen beeinflusst. Gelerntes wie Gefühle. Verwandtschaft ist Biologie, Familie ist Kultur.

Schicksal ist ein großes Wort.

Familie kommt dem schon ziemlich nahe.

Wissenschaftler fanden heraus, dass das Scheidungsrisiko von Scheidungskindern in der Anfangszeit der Ehe doppelt so hoch war wie das von Kindern, deren Eltern zusammenblieben. Die Vermutung: Kinder aus Scheidungsfamilien sind früher eigenständig, heiraten eher, und die frühe Heirat erklärt das Trennungsrisiko.

Ohne sich dessen bewusst zu sein: Viele Menschen arbeiten ihr Leben lang an den unbewussten Aufträgen ihrer Eltern. Aus schicksalhaft verbundener Loyalität leben sie immer ein bisschen das Leben der Eltern weiter. Da denken Frauen, sie dürften nicht glücklicher sein als ihre immer unglückliche Mutter, und suchen sich Partner, mit denen es nie funktioniert. Da verlassen Väter ihre Familie, obwohl sie genau das an ihrem Vater verachtet haben. Oder Paare leben jahrelang aneinander vorbei, weil in der einen Familie ein bestimmtes Verhalten, Schweigen zum Beispiel, schon von jeher eine völlig andere Bedeutung hatte als in der anderen. Natürlich gibt es Auswege, und hier zeigt sich wieder die Weggabelung des Schicksals. Ist man ihm ausgeliefert, oder nimmt man sein Schicksal in die Hand?

Das Wirken der Familie

Ständig verändert sich etwas, dauernd ergibt sich etwas, permanent tun sich neue Wege auf. In der Familie muss sich die Geschichte nicht wiederholen. Und es ist auch nicht alles schlecht. Studien zeigen: Menschen mit Familien sind zufriedener. Kommunikation ist der Kitt im System Familie. Sie sorgt dafür, dass der eine weiß, was den anderen beschäftigt, dass Nähe und Vertrautheit herrschen. Miteinander reden lässt eine Familienidentität entstehen, ein Wir-Gefühl, einen bestimmten Blick auf die Welt, der die Familie zusammenschweißt und besonders macht.

Familie ist ein System, in dem jeder von jedem abhängt. Ändert sich ein Teil, spüren alle anderen die Folgen. Ein schlechtes Familienleben schadet nicht nur dem Einzelnen, sondern allen. Familien, in denen Regeln mit Bestrafung und Demütigung statt mit Belohnung und Aufmerksamkeit durchgesetzt werden, geraten in eine Abwärtsspirale. Manche trudeln oder stürzen im freien Fall. Die Kinder werden immer aggressiver, die Eltern auch, irgendwann ist die Situation hoffnungslos verfahren, und es kommt zur Explosion. Ein vergiftetes Klima in der Familie ist, als würde man mit Handgranaten jonglieren.

In jeder Familie gelten andere Regeln, Rituale, Glaubenssätze. Jede streitet anders, zeigt Zuneigung anders, feiert anders. Da gibt es Familien, für die Weihnachten ohne die perfekt zubereitete Gans misslungen wäre, andere, die nicht feiern, bevor Omas gläserne Trompete am Tannenbaum hängt, und solche, die es zum Ritual gemacht haben, keine festen Bräuche zu haben, sondern gemeinsam zu entscheiden, wie man in diesem Jahr feiern möchte. Die einen singen *Stille Nacht*, die anderen lesen ein Gedicht von Rilke vor, vielleicht etwas Besinnliches aus den *Duineser Elegien*.

Familien, die Ritualen viel Bedeutung beimessen, sind glücklicher. Das stellte die amerikanische Familienforscherin Barbara Fiese fest: Die Eltern sind mit ihrer Beziehung zufriedener, und die Kinder haben seltener Verhaltensprobleme. Oft werden die Bräuche über

Generationen weitergegeben: 65 Prozent der befragten Großeltern sagten in einer Untersuchung, dass sie Rituale aus ihrer Familie bei ihren Kindern oder Enkeln wiederentdeckten. Dinge wiederholen sich, werden weitergegeben, Ideen bleiben so am Leben.

Auch den Alltag strukturieren Rituale und Regeln. Wie begrüßt man sich? Wer übernimmt welche Aufgabe? Wie redet man miteinander? Wer mit einer fremden Familie beim Essen sitzt, fühlt sich wie bei einem fremden Volksstamm. Nur wer dazugehört, versteht die Regeln, Abläufe und Umgangsformen.

Die Soziologin Angela Keppler untersuchte typische Familiensituationen und bemerkte: Familien erzählen oft die immer gleichen Geschichten, reden auf typische Art miteinander über ähnliche Themen. Dabei kommt es gar nicht so sehr darauf an, dass alle Familienmitglieder die gleiche Sicht auf die Dinge haben, sondern dass sie sich einig sind, auf welche Weise sie mit unterschiedlichen Meinungen umgehen. So entstehen Gewohnheiten und Regeln, die Kinder übernehmen oder gegen die sie sich abgrenzen.

Manche Therapieforscher sind davon überzeugt, dass man die vorherigen drei Generationen miteinbeziehen muss, will man die Emotionen in einer Familie, die Loyalitäten oder die unbewussten Verpflichtungen verstehen.

Das Schicksal schweißt Generation zusammen, und die Menschen tragen ihren entscheidenden Teil dazu bei.

Die Entwicklung des Gehirns

Die nächste große Frage, die sich da stellt, lautet: Wie entsteht Persönlichkeit? Oder besser: Wie entwickelt sie sich weiter, wenn ein neuer Erdenbürger als gar nicht unbeschriebenes Blatt in seiner Familie angekommen ist?

In den ersten drei Lebensphasen passiert viel. Das Gedächtnis bildet sich aus, vor allem aber prägen sich nonverbale, emotionale Erfahrungen ein. Die Vertrautheit mit Stimmen, Geräuschen und Gerüchen, die Zuwendung, die wir erleben, und das Wohlgefühl, das wir dabei haben. Das sind Eindrücke, die uns bis ins hohe Lebensalter begleiten. In der Kindheit bildet sich dieser feste Grundstock, der durch die Erfahrung von Beziehungen entsteht. Frischgebackene Eltern müssen dafür nichts lernen.

Im ersten Lebensjahr gibt es die sogenannte intuitive Elternschaft. Die funktioniert in allen Kulturen gleich. Frauen, und auch Männer, wissen ganz von selbst, wie man sich einem Kind zuwendet und mit ihm umgeht.

Das ist gut so, denn zwei Drittel der Hirnentwicklung finden außerhalb des Mutterleibs statt und das Kind ist dabei schon genug unberechenbaren Umwelteinflüsse ausgesetzt. Wer heute für unsere Wertvorstellungen »normal« ist, hat im Leben schon sehr viel Glück gehabt und das Schicksal auf seine Seite gezogen. Das Schicksal hat ihm am Pokertisch schon drei Asse gegeben, in der Pubertät kann ein viertes dazukommen.

Kinder beginnen früh, ihren eigenen Sozialisierungs-
prozess zu erkennen. Sie fragen sich: Welche Position habe
ich in der Kindergruppe? Warum will mich der nicht?
Wieso schaut die so komisch? Weshalb lachen die, und warum nicken sie mir zu? Gruppendynamik beginnt schon
beim Kleinkind. Je nachdem, wie man das fördert oder
verhindert, beeinflusst es später das Kind.

Der eine ist euphorisiert, ein Sonnenscheinchen.

Der andere ist traumatisiert, ein Schattenkindlein.

Bestimmte Areale im Gehirn haben mit Empathie
und der Fähigkeit zu tun, das Denken und Fühlen der
Mitmenschen nachvollziehen zu können.

Für nahezu alle Aspekte sozial-kommunikativen
Handelns wie gegenseitiges Verstehen, Liebe, Religiosität,
aber auch Scham, Reue und mildtätiges Tun haben
Forscher Regionen gefunden, die zusammengenommen ein
großes Netzwerk des sozialen Gehirns bilden. Ein Internet
der Gefühle.

Dieses soziale Gehirn spiegelt auch die Persönlichkeit
wider. Seine Ausreifung ist in den ersten Lebensjahren
entscheidend. Und zwar im Rahmen der frühkindlichen
Bindungserfahrung, vor allem mit der Mutter. Durch
die Art, wie sie mit dem Kind umgeht, prägt sich dessen
Gefühlswelt und damit auch alles, was zu den grundlegenden sozialen Kompetenzen gehört.

Wenn das Kind noch während der Schwangerschaft
durch die Stimme der Mutter geprägt wird, braucht es

nach der Geburt diese Stimme auch. Und da kommen wir in einen gewissen dialektischen Zustand, nämlich: Was ist, wenn die Mutter das Kind sofort abgibt und es in einer Krippe landet?

Faktum ist, das Kind braucht ein gewisses Maß an mütterlicher Stimme. Die Mutter gehört gehört. Landet es in einer Krippe, braucht es einen Mutterersatz. Das heißt, die Betreuerinnen müssen dem Kind viel Aufmerksamkeit schenken können. Es darf nicht mehr als drei Kinder je Betreuerin geben. Sind sie engagiert, ist es ideal. Dann bekommt das Kind sogar noch einen Impact von den anderen Kindern, und erst dann wird es de facto gefördert. Wenn das aber nicht der Fall ist, ist es ein Problem.

Ideal wäre es, wenn sich die Mutter selber kümmert, aber wenn das nicht geht, muss ein Kompromiss her. Wenn zu Hause die Hölle los ist, und die Mutter sich ohnedies nicht um das Kind kümmert, ist jede Kinderkrippe besser. Eine Mutter, die sich die ganze Zeit mit dem Kind beschäftigt, ist das Allerbeste. Nur mit dem Kind daheim zu sein und mit dem Handy zu spielen, hilft nichts. Das Kind braucht die Zuwendung einer Person, und diese Zuwendung muss so sein, dass das Kind permanent mit dieser Person in Kontakt ist, in irgendeiner Form.

Das Sozialpädiatrische Zentrum in Bielefeld hat eine Studie angelegt, die zeigt: Kinder, die wiederholt in Krippen abgeschoben werden, leiden an dauerhafter Stressbelastung.

Der Hirnforscher Gerhard Roth von der Universität Bremen erklärt: Das Kind hat einen Schatz an Neuronen, und die werden ununterbrochen aktiviert oder eliminiert, je nachdem, wie das Kind angesprochen wird. Die notwendige Reduzierung der Synapsen geschieht abhängig von den Erlebnissen eines Kindes, vor allem von Erlebnissen, die die Bindungserfahrung des Kindes ausmachen. Durch die taktilen Reize, durch die Stimme, durch das Ansehen. Diese Bindungserfahrungen braucht das Kind.

Eine Studie der University of Montreal hat gezeigt, was passiert, wenn Mütter plötzlich in psychiatrische Behandlung kommen und die Kinder auf sich alleine gestellt sind. Das ist desaströs. Man weiß sogar, auf welche Hirnareale sich das auswirkt. Einerseits wird die Amygdala, der Mandelkern des Gehirns, verändert, anderseits der Hippocampus, eine zentrale Schaltstelle, die das für Emotionen und die Entstehung von Triebverhalten zuständige limbische System steuert.

Bei Kindern, die mehr oder weniger ohne Mütter aufwachsen mussten, wird die Stressachse stärker aktiviert. Was heißt, dass das Kind später im Leben häufiger überschießend reagiert. Merkbar überschießend. Gestresst, genervt, aggressiv.

Jetzt stellt sich die Frage: Wie lässt sich dieser Spagat hinkriegen? Eine Studie aus den USA zeigt eine Möglichkeit: Das Kind soll nicht mehr als dreißig Stunden pro Woche außerhalb der Familie sein. Also etwa vier Stunden pro

Tag. Nicht mehr. Wenn die Frau sofort arbeiten muss, was ja oft der Fall ist, kann man unter Umständen noch andere Bezugspersonen beiziehen, wie die Großmütter. Omas bekommen auf diese Weise eine enorm wichtige Rolle zugewiesen. Kinder bis 15 Monate sollen eigentlich nur bis zu zehn Stunden pro Woche von fremden Menschen betreut werden, sonst hat das unter Umständen Auswirkungen auf das spätere Leben. Mögliche Schicksalhaftigkeiten.

Wir sehen: Die Gene sind auch bei der Hirnentwicklung nicht allein das Schicksal, die Umwelt kann vieles, aber nicht alles wettmachen. Es ist das komplizierte Wechselspiel zwischen beidem, das während der Hirnentwicklung abläuft. Es findet seinen Ausdruck in der individuellen und sozialen Persönlichkeitsentwicklung.

Wir haben nicht zwei Naturen, eine biologische und eine soziale, sondern unsere soziale Natur erwächst aus der biologischen.

Ein wichtiger Teil in der Entwicklung der Persönlichkeit, überhaupt der gesamten Sozialisierung, betrifft die Fähigkeit, unmittelbare Impulse zu zügeln, mögliche Konsequenzen des Handelns zu überdenken und Alternativen abzuwägen. Erst das gibt uns Handlungsfreiheit und liefert die Basis der Zivilisation.

»Frei ist nur der überlegte Wille«, schreibt der Philosoph Jürgen Habermas, und wir nicken ihm zu.

Schicksalsmacht Pubertät

Erinnern Sie sich noch an Ihre Pubertät? Versuchen Sie
es. Denn Kinder beginnen zwar schon sehr früh, etwa im
Kindergarten, ihre Rolle in der Gemeinschaft zu erkennen,
doch richtig konsequent tun sie das erst in der Pubertät.
Erst in diesem entscheidenden Prägefenster definieren sie
anhand ihrer Beobachtungen und Erfahrungen, wo sie innerhalb der Gruppendynamik stehen, und sie legen sich
dabei mehr oder weniger fest: Diese Einschätzung begleitet sie ein Leben lang. Sie wird zu einem Teil von ihnen.
Sie wird zu ihrem Schicksal. Darum vor allem geht es in
diesem Kapitel.

Die nächste große Lebensphase, die so vieles scheinbar
schicksalhaft ändert, drängt sich also vor, und zwar mit
Ellbogen und der vollen Ruppigkeit, die das Schicksal eines Menschen zu bieten hat. Die Pubertät.

Das Schicksal selbst feuert aus allen Rohren.

Die Pubertät wurde bisher viel zu wenig berücksich-
tigt, auch medial, weil man gemeinhin sagt: »Ach was, da
fangen die Kinder halt zu spinnen an.«

In Wahrheit ist sie das Prägefenster schlechthin.

Weil die definitive gruppendynamische Selbstfindung
in dem Moment passiert, in dem die Geschlechtshormone
eintreffen. In diesem Chaos betrachten wir zum ersten Mal
ernsthaft unsere Rolle in der Gesellschaft.

Doch bevor wir zu diesem Punkt kommen, will ich als
Gynäkologe auf eine viel zu wenig bekannte schicksalhafte
Wendung hinweisen, die das Leben von Mädchen in die-

ser Phase nehmen kann, durch etwas so Vermeidbares wie falsche Ernährung zum falschen Zeitpunkt.

Wie Mädchen ihr Schicksal machen

Wenn sich ein Mädchen in der Pubertät biologisch auf die Schwangerschaft vorbereitet, wenn also das Kind zur Frau wird, muss es innerhalb kürzester Zeit rasch wachsen und seine Formen verändern. Oberschenkel, Po, Brust. Ein enormer Aufwand, den die Evolution hier betreiben muss. Das ist nicht einfach ein wundersamer Mechanismus, über den man sagen könnte: Es wächst halt. Da ist ein Trigger dabei, der sogenannte Kohlenhydratstoffwechsel.

Der Kohlenhydratstoffwechsel verändert sich in der Pubertät. Und zwar so, dass Zucker sofort ins Fett gelagert wird. Das hat die Natur so vorgesehen. Damit stellt der Körper sicher, dass das Mädchen in relativ kurzer Zeit zur Frau wird. Heute würde man das einen »Boost« nennen.

Nimmt das Mädchen allerdings in dieser Phase zu viel Kohlenhydrate zu sich, bleibt ihm der Übergangsstatus jahrelang erhalten. Die junge Frau nimmt weiter zu, und es kommt zu einem sogenannten polyzystischen Ovar, kurz PCO, das die Eierstöcke quasi arretiert. Sie können sich nicht mehr weiter entfalten. Der regelmäßige Zyklus kommt durcheinander, die Menstruation setzt aus, statt normal großer Eibläschen entstehen ganz kleine. Das kann man auch sehen, der Eierstock sieht aus wie ein Schweizer Käse.

Viele junge Frauen glauben, nie mehr schwanger werden zu können. Die Hormonstörung ist so vehement, dass sie sich oft nur schwer wieder löst. Das Übergewicht ist anhaltend. Und das oft nur, weil man in diesem lebensprägenden Fenster, einem kleinen Zeitfenster von ein, maximal zwei Jahren, nicht auf das Essen geachtet hat.

Zu viele Kohlenhydrate in dieser Zeit, zu viel Schokolade, und ein an sich normaler physiologischer Vorgang ist nicht mehr zu stoppen. Der Körper will den eingenommenen Zucker sofort für Po, Brust und Oberschenkel verwenden, und hört einfach nicht mehr damit auf. Die junge Frau wird plötzlich bei zu vielen Kohlenhydraten postpubertär dicklicher, und die Eierstöcke tun sich schwer, weil das dem Körper alles zu viel ist.

Auch wenn das Zeitfenster sehr klein ist, mit etwas Aufmerksamkeit kann man den entscheidenden Punkt kaum verpassen. Man beobachtet: Zuerst kommt die Schambehaarung, dann die Brust. Sobald die Blutung eintritt, ist es soweit. Ab jetzt bitte keine strenge Diät halten, sondern normal essen. Nicht Schokolade, Schokolade, Schokolade. In dieser Lebensphase ist das eine enorme Bedrohung. Soweit, so einleuchtend.

Nur, wie soll man das als Teenager hinkriegen? Du brauchst zwar mehr Kalorien als sonst, um zur Frau zu werden, also iss, aber nimm ja nicht zu. So ganz einfach ist das nicht, und es gilt ja auch: Wenn das Mädchen zu wenig bekommt, wird das Heranreifen zur Frau durch Anorexie gestört. Das Ergebnis ist leider dasselbe. Zu viel oder zu wenig: Der Zyklus ist gestört, die Menstruation setzt aus. Man findet das oft bei Balletttänzerinnen oder Models. Weil sie praktisch wirklich nur das lebenswichtige Fett am Leib haben, stellt ihr Körper die monatlichen Blutungen ein. Man nennt das amenorrhoisch.

Einem ganz normalen weiblicher Teenager kann dasselbe passieren, wenn auch aus ganz anderem Grund, nämlich dem Mobbing. Man soll den Sozialdruck unter den Mädchen besonders in diesem Alter nicht unterschätzen. Wenn ein molliges Mädchen als dicke Nudel beschimpft wird, geht ihm das so zu Herzen, dass es einfach zu essen aufhören kann. Dann verliert es zwar Gewicht und gewinnt wieder Freundinnen, aber die Blutung bleibt trotzdem aus. Die Eierstöcke schwächeln trotzdem. Sie können sich nicht voll für die zukünftige Fortpflanzung etablieren. All das wird hier schon präjudiziert.

Gynäkologen müssen verhindern, dass die Eierstöcke dann jahrzehntelang nicht mehr normal arbeiten können. Und das Mittel, das sie mitunter dagegen anwenden, um dem Eierstock, der langsam erst erwacht und sich entwickelt, dabei zu helfen, ist genau das Mittel, mit dem man ihm am meisten schadet.

Wir hatten das Thema schon: die Pille. Sie empfehlen sie, auch wenn das Mädchen gar keine Empfängnisverhütung braucht. Mit ihr nimmt die junge Frau für die nächsten Jahre allerdings eine Hypothek auf, die das Schicksal der Hormonstörung schon vorzeichnen kann. Dem Mädchen zur Zyklusregulierung die Pille zu geben, obwohl sie keinen Empfängnisschutz braucht, ist das Schlechteste, was man tun kann.

Die Erklärung ist relativ einleuchtend. Wenn die Eierstöcke so unregelmäßig arbeiten, dass der Zyklus nur alle zwei Monate oder alle sechs Wochen kommt, wenn diese Achse Hypothalamus-Hypophyse-Eierstöcke also noch nicht voll etabliert ist, unterdrückt ein Mittel, das dafür gemacht ist, die Reproduktion für gewisse Zeit völlig ruhigzustellen, dieses schwache Flämmchen des Eierstockes dann völlig. Natürlich hat man eine Blutung, aber das hätte die Großmutter auch, wenn sie die Pille nimmt. Wir nennen das Pillenblutung, mehr ist es nicht. Im Hintergrund aber wird der unfertige Eierstock noch mehr geschwächt. Das ist der Preis für eine gänzlich unnötige Empfängnisverhütung.

Verstehen Sie es bitte nicht falsch, ich bin wirklich nicht für ungewollte Schwangerschaften, aber nichts ist umsonst im Leben. Denn was passiert? Die Dinge beruhigen sich, der Zyklus funktioniert wieder regelmäßig, und nach drei Jahren möchte die junge Frau ein Baby. Sie hört mit der Pille auf, und die Blutung bleibt erneut aus.

Medizinisch ist das nicht verwunderlich. Die Eierstöcke sind in einem Dornröschenschlaf, aus dem sie

nicht immer leicht wachzuküssen sind. Sie aufzuwe-
cken, wieder zu aktivieren, ist mitunter mühsam. Es geht,
das schon, es ist kein endgültiges »leider nein« für den
Kinderwunsch, aber viele junge Frauen empfinden es doch
wie einen Schicksalsschlag. Sie fragen: Wieso kann ich
nicht schwanger werden? Wieso arbeiten meine Eierstöcke
nicht? Wieso kriege ich keine Blutung?

Der liebe Gott war nicht schuld.

Die Wartezeit ist dann die Prüfung eines Schicksals,
das man hätte abwenden können. Oft dauert es ein bis
zwei Jahre, bis der Eierstock zum Leben erweckt werden
kann. Die Blutungen kommen in der Zeit unregelmäßig,
was fehlt, ist immer noch der Eisprung, das Wichtigste
beim Kinderkriegen. Wenn der Zyklus vorher regelmäßig
war, darf man das noch ein Glück nennen, in dem Fall
toleriert der Eierstock seine Unterdrückung. Kamen die
Blutungen mal so mal so, toleriert er es oft nicht. Das ist
das Entscheidende. Für die nächste Generation, für die
nächsten Jahre und vor allem für die Fortpflanzung.

Das ist leider zu wenig bekannt, und oft nimmt man
die Pille zur Normalisierung des Zyklus trotzdem .

Viele wissen es nicht: Der Eierstock beobachtet die Frau.
Und er registriert alles. Isst sie richtig? Isst sie zu viel? Isst
sie zu wenig? Oder auch: Rennt sie? Ist sie auf der Flucht?

Wenn das Mädchen körperlich über die Maßen aktiv
ist, bekommt der Eierstock eine Falschmeldung. Quasi aus
der Steinzeit heraus blinkt das Alarmsignal: Lebensgefahr.

Damals war die Meldung sicher richtig. Rennen bedeutete fliehen. Und noch heute geschieht etwas, das in der Medizin einen eigenen Namen hat, die sogenannte Jogging-Amenorrhö: Der weibliche Körper stoppt die Blutung. Für Fortpflanzung ist im Laufschritt keine Zeit.

Die Eierstöcke sind Wachorgane, die die Frau sorgsam abchecken. Beim Gewicht machen sie das mit dem Leptin, beim Work-out mit anderen Neurotransmittern. Für die ganz Neugierigen: Fibroblast growth factor 23, kurz FGF23, ist ein Protein aus der FGF-Familie, verantwortlich für den Phosphatstoffwechsel, gebildet im strapazierten Muskel. Er meldet den Eierstöcken sofort: Hoppla, da ist eine gewisse Gefahr da. Der Eierstock gibt dem Gehirn das Signal, und das Gehirn befiehlt: Jetzt macht der Eierstock eine Pause. Bis die Frau wieder in Sicherheit ist.

Ein entscheidendes Prägefenster

Die sogenannte Adoleszenz beschreibt den Lebensabschnitt zwischen der späten Kindheit und dem Erwachsenenalter. Diese Lebensphase ist geprägt durch die Suche nach Abwechslung, neuen Erlebnissen und starken Gefühlen. Der junge Mensch sieht, was das Leben alles zu bieten hat, und möchte von den Früchten kosten, auch von den verbotenen. Das Ganze beinhaltet ein hohes Gesundheitsrisiko. Das Leben ist, man weiß es ja, lebensgefährlich.

Alles ordnet sich neu.

Forschungsergebnisse aus der Entwicklungspsychologie und den Neurowissenschaften zeigen, dass es während der Adoleszenz zu einer grundlegenden Reorganisation des Gehirns kommt. Umwelteinflüsse wirken sich prägend auf die Schaltkreise aus. Das eröffnet Chancen für Bildung und Erziehung, bietet allerdings aufgrund erhöhter Risikobereitschaft eine Eintrittskarte in den Club der großen Schwierigkeiten.

Die Adoleszenz umfasst neben der physischen Reifung vor allem die psychische Entwicklung zum selbstständigen Erwachsenen. Man lernt jemanden kennen, hat erste intime Beziehungen, *friends with benefits*, wie das heute heißt. Es erschließen sich Zukunftsperspektiven, dazu kommen im Idealfall Selbstständigkeit, Selbstsicherheit, Selbstkontrolle und die Entwicklung sozialer Kompetenzen.

Erstaunlicherweise reduziert sich in der Pubertät die Zahl der Synapsen, die sich in den ersten Lebensjahren wie wild gebildet haben. Übrig bleiben nur die Synapsen, die verwendet werden. Es herrscht eine Weile Ungleichgewicht im Oberstübchen.

Teenager nehmen Herausforderungen des Lebens anders wahr. Sind Gleichaltrige anwesend, oder besteht Aussicht auf Belohnung, sind rationale Entscheidungsprozesse beeinflusst. Sagt einer: »Trau dich!« Dann traut man sich das, auch wenn das Hirn schreit: »Besser nicht!«

Oder es sagt einer: »Wenn du das tust, kriegst du zwanzig Euro.« Dann fragt man das Hirn nicht mehr, ob das in

Ordnung geht oder nicht. Es ist falsch verstandener Mut. Übermut. Zurückzuführen auf den Umstand, dass in diesem Alter der Nutzen einer risikoreichen Handlung durch die soziale Anerkennung von Freunden sehr viel höher bewertet wird als in anderen Lebensphasen. Das kann auf neuronaler Ebene mit dem nichtlinearen Reifungsmuster von präfrontalen und limbischen Hirnarealen zusammenhängen.

Aus evolutionärer Sicht bezeichnet die Adoleszenz eine Entwicklungsperiode, in der Jugendliche unabhängig werden. Für sie ist das doppelt spannend, für die Eltern halb so lustig.

Das Prinzip dieser Entwicklung ist übrigens nicht spezifisch für den Menschen. Verstärktes Neugierverhalten, sogenanntes Novelty-Seeking, und eine Zunahme an sozialen Interaktionen mit Gleichaltrigen haben Soziologen auch bei anderen Spezies beobachtet. Eigentlich verhalten wir uns nicht anders als Affen.

Die fortwährenden psychologischen und biologischen Veränderungen in dieser Phase haben einen großen Einfluss auf die Funktionsweise und Architektur des Gehirns. Die Dinge passieren nicht rein zufällig. Sie folgen einem Plan. Das Leben reißt dir die Milchzähne aus, kickt dich raus aus den Kinderschuhen und wirft dich mitten ins Getümmel.

Willkommen bei den Großen.

Erstaunlich ist dabei vor allem, dass die Pubertät heutzutage früher eintritt als noch vor 150 Jahren. Damals ging es mit sechzehn los, heute mit zehn. Und es verschiebt sich noch mehr. Es wird nicht lange dauern, da setzt die Pubertät mit acht oder gar sieben Jahren ein. Man nimmt an, dass bestimmte Stoffe ursächlich wirken, wie zum Beispiel die Weichmacher Triclosan oder Phthalate. Aber auch andere hormonähnliche Stoffe aus der Umwelt können dafür verantwortlich sein.

Da stellen sich Grundsatzfragen. Wenn diese Prägephase beginnt, wenn das Kind mental noch nicht so weit ist wie mit 16, fehlt dann nicht etwas? Etwas, das früher in der Pubertät da war, sich nun aber nicht rechtzeitig ausbilden konnte? Empathie mit sieben? Sexualhormone mit sechs? Das soziale Gehirn ist noch nicht reif, der Körper schon.

Ich war bei den Pfadfindern und habe gelernt: Man muss Rücksicht nehmen auf die anderen, man muss dem dort drüben helfen, man muss Verantwortung übernehmen für eine Gruppe, die man führt, man muss aufpassen und schauen, was rundherum passiert, nicht nur in einem drinnen. Das gibt es heute nicht mehr, oder sagen wir: Der Wandel ist vollzogen.

Der neue Erzieher ist das Handy. Über das Handy kommt das Kind viel zu früh in eine Bewährungsphase. Oder es muss – viel zu früh – die Möglichkeit ergreifen, sich in einer Gruppe zu positionieren. Diese gruppendynamische Positionierung ist in der Pubertät ein fundamentales Ereignis. Man muss sich platzieren und schauen: Wie steht man da in der Gruppe?

Die Antworten sind anders als im Kindergarten, wo alles eben noch kindlicher war, ein bisschen Rempeln, ein Auslachen, mehr nicht. Jetzt aber, mit der elektronischen Unabhängigkeit im Haifischbecken des Internet, ist alles möglich. Du kannst alles, verspricht uns die Werbung. Rauschfrei ist das nicht.

»Als es noch Charaktererziehung gab, wurden die Zöglinge ermuntert, ihre Fehler so klar wie möglich aufzudecken. Heute lernen sie, sich so anzunehmen, wie man ist. Es wäre fremdenfeindlich, wollte man den anderen in uns ändern. Dies löste ein hysterisches Jucken aus.« So fasst Peter Sloterdijk die Situation zusammen.

Alles geschieht jetzt viel früher als vor dreißig Jahren, und man hat viel weniger Assistenz. Die Eltern sind kaum eine Hilfe, wenn sie dem Kind das Handy als Spielkamerad überreichen. Vereine verschwinden mehr oder weniger von der Bildfläche. Die einzige Assistenz sind die Interaktionen zwischen den Jugendlichen über Social Media, also über das Internet. Und das ist ein ganz großes Problem. Das greift schicksalhaft in eine Charakterentwicklung ein, die wir noch gar nicht abschätzen können.

Spuren der Liebe

Der junge Mensch, der sich aufmacht, die Welt der Erwachsenen zu entdecken, muss gewissermaßen über sich hinauswachsen, körperlich wie seelisch. Der Zauberstab, der jedem schlechten Gedanken die Bösartigkeit nimmt, hat fünf Buchstaben.

L. I. E. B. E.

In der Pubertät bekommt die bislang kindliche Liebe eine neue Intensität. Die Liebe gewinnt an Prickeln, nimmt Würze an. Liebe ist ... Leben.

Die Liebe ist die Lösung von allem. Aber: Die Liebe bleibt nicht immer dort, wo sie hingeflogen ist. Sie ist ein freies Radikal sozusagen, das Körper und Hirn in Aufruhr versetzt. Wenn sie kommt. Und wenn sie einseitig geht.

Das Herz bricht entzwei.

Für den Organismus bedeutet Liebeskummer extremen Stress. Was genau dabei biochemisch im Körper und im Gehirn abläuft, ist nicht bis ins letzte Detail erforscht.

Liebeswahn hat es immer schon gegeben. Schon in Gedichten aus der Antike wird über unerfüllte Liebe geschrieben. Der Terminus Amor Hereos, die Liebeskrankheit, findet sich erstmals in einem medizinischen Lehrbuch aus dem 11. Jahrhundert. Rund 500 Jahre später unterteilte der Schweizer Mediziner Felix Platter verschiedene Geisteskrankheiten. Liebeskummer, Eifersucht und Melancholie wies er derselben Kategorie zu.

Heute ist mentaler Schmerz messbar. Hirnscans entschlüsseln das Gehirn. Mit dieser aufwendigen Methode konnte ein US-Forschungsteam zeigen, dass bei Liebeskummer tatsächlich akute körperliche Schmerzsignale existieren. Wird eine Person durch den Ex-Partner abgelehnt, werden ähnliche Hirnregionen aktiviert, wie wenn man sich heißes Wasser über die Hand schüttet.

Die amerikanische Anthropologin Dr. Helen Fisher von der *Rutgers University of New Jersey* beschäftigt sich seit mehr als 25 Jahren mit dem Phänomen der romantischen Liebe. Sie erforscht das Wesen und die Evolution der Liebe. Dabei interessiert sie sich vor allem dafür, was im Gehirn von verliebten und verlassenen Menschen passiert.

Für ein Experiment schob sie 17 Verliebte, 15 frisch Verlassene und zehn Menschen, die sich nach 25 Ehejahren immer noch als verliebt bezeichneten, in einen Kernspintomograf.

Dabei zeigte sie den Untersuchungsteilnehmern Fotos von ihren Partnern oder Ex-Partnern. Beim Blick auf die Ergebnisse kam Helen Fisher zu einem überraschenden Schluss: Egal ob verliebt oder liebeskrank, im Gehirn spielen sich die gleichen Prozesse ab wie bei Drogensüchtigen. Romantische Liebe gleicht einem Kokainrausch.

Fangen wir mit der positiven Seite der Liebe an. Bei glücklich Verliebten ist ein bestimmtes Areal im Mittelhirn aktiv. Fisher bezeichnet dieses Mittelhirn als kleine Fabrik in der Nähe des Hirnstamms, die das Hormon Dopamin produziert und in viele Hirnregionen versprüht. Dopamin gilt als Glückshormon, ein anregender Botenstoff.

Es befeuert das Belohnungszentrum, wodurch Wünsche, Sehnsüchte, Begierden, Leidenschaft, Motivation und Konzentration steigen. Nun sind die gleichen Regionen aktiv wie zum Beispiel bei einem Kokainrausch.

Für die US-Forscherin sind Sucht und Verliebtheit im Kopf identisch. »Man ist besessen und kann nicht aufhören, an den anderen zu denken. Es ist, als würde jemand im Kopf zelten.«

Spuren des Mobbings

In der Pubertät lauern aber noch ganz andere, viel größere Gefahren beim großen Abenteuer Leben. Einer der größten Schicksalsfaktoren hat seinen Ursprung in der Digitalisierung. Cybermobbing. Mobbing ist für jeden Menschen in jedem Alter schlimm, aber in diesem Prägefenster für die soziale Positionierung kann es, zumal in der besonders grausamen Form des Cybermobbings, schicksalhaft sein.

Als Erwachsener findet man das vielleicht kleinlich gedacht oder lächerlich übertrieben. Doch Cybermobbing ist ein Schicksalsfaktor, dem Teenager schwer bis gar nicht entrinnen können. Cybermobbing hat nichts mit Streichen auf dem Schulhof zu tun, nichts mit Gehässigkeiten in der Pause, nichts mit Bloßstellen von Schwächen. Cybermobbing wird gezielt als Waffe eingesetzt, um jemanden fertigzumachen, ihn zu erniedrigen und als untragbar für die jeweilige Gesellschaft darzustellen, ein Nichts, ein Niemand, eine Panne der Evolution, die es auszumerzen gilt.

Jemand schreibt per WhatsApp: »Bring dich doch um, alle wären froh, wenn du tot wärst!«

Dazu ein Foto, auf dem das Mädchen unvorteilhaft aussieht, dick, vielleicht sogar nach dem Turnunterricht unter der Dusche geknipst, während ihrer Periode.

Es geht beim Cybermobbing darum, Menschen seelisch zu zerstören. Ihr Selbstbewusstsein zu pulverisieren. Nach und nach, Schicht um Schicht die Angst freizulegen. Solange, bis sich die Jugendlichen nicht mehr aus dem Haus wagen. Oder bis sie das erste Mal daran denken, dass das kein Leben ist, dass man dem Leid ein Ende setzen sollte. Weil nichts mehr da ist, was lebenswert ist.

Wie groß das Ausmaß dieses Psychoterrors ist, zeigt eine repräsentative Forsa-Studie aus dem Jahr 2011. Die Essenz der Umfrage: Mehr als ein Drittel der Befragten zwischen 14 und 20 Jahren wurden schon über das Internet oder das Handy direkt beleidigt oder bedroht.

Besonders schlimm an der massiven Beleidigung im frühen Teenager-Alter ist, dass die psychischen Verletzungen eben in der prägenden Phase der Persönlichkeitsbildung stattfinden. Die Betroffenen sind teilweise gezeichnet fürs Leben, zeigen manchmal noch Jahre später Reaktionen auf die traumatischen Erfahrungen.

Schlampe, Hure sind noch die netteren Wörter. Immer mehr Jugendliche werden im Internet von Mitschülern bloßgestellt: Viele macht das krank, sie fühlen sich von allen abgelehnt, ihre Eltern wissen sich nicht anders zu

helfen, als den Notarzt zu rufen. Genauso, das zeigt sich
in den vergangenen Jahren, beginnen Problematiken von
einigen Jugendlichen, die in die stationäre psychiatrische
Behandlung kommen. Dort weiß man: Cybermobbing hat
stark zugenommen, es macht die emotionale Verwundbarkeit von Jugendlichen noch größer und ist oft Auslöser
für seelische und soziale Krisen. Mittlerweile gehört
es zum Standard bei stationären Aufnahmen, auch die
Aktivitäten im Internet abzufragen.

Erschreckend ist nicht die Gehässigkeit, sondern die
konzertierte Vorgangsweise. Sie folgt einem perfiden Plan.
Mehrere Jugendliche schließen sich zu einer verschworenen
Bande zusammen, zu einer Bruder- oder Schwesternschaft
der Quälerei, und suchen sich ein Opfer aus, das sie trie-
zen, traktieren, traumatisieren. Nicht die eine oder andere Schimpftirade ist entscheidend, sondern die wiederhol-
te und konzentrierte Fixierung auf das Opfer. Es geht um
Erniedrigung und Scham, Schimpf und Schande sind er-
wünscht.

»Schau dich an, du Dreckstück. Du glaubst, du kannst
es schaffen, aber du bist nichts. Nichts. Niemand will dich.
Niemand will dich in der Klasse, in der Schule, alle lachen über dich, du nichtsnutzige Drecksschlampe. Du bist
ein Haufen Dreck. Und niemand will in den Dreckshaufen
steigen. Du stinkst. Krepier, du Sau!«

So in der Richtung. Verschmähte Liebe wird weidlich
erklärt und mit Bildern dokumentiert, dazu Texte gepostet,

die an Bösartigkeit nicht mehr zu überbieten sind. Oft mit der Aufforderung zum Suizid. »Bring dich doch um, alle wären froh, wenn du tot wärst!«

Eine Studie im Fachmagazin *Lancet Psychiatry* zeigt, dass in dieser kritischen Phase der Entwicklung, wenn die Jugendlichen über Social Media gemobbt werden, die schicksalsbildenden Langzeitfolgen dramatischer sind als nach Misshandlungen durch Erwachsene.

Zu diesem Schluss kommen Wissenschaftler um den deutschen Entwicklungsbiologen Dieter Wolke von der britischen *University of Warwick*, nachdem sie Daten von 5.500 Kindern aus zwei Langzeitstudien ausgewertet hatten.

»Die Schmähungen sind wie ein Tattoo«, sagt Urs Gasser, Direktor des *Berkman Center* an der Harvard-Universität. Der Mann ist spezialisiert auf Internetforschung und weiß, wie wichtig Identität im Netz für Schüler ist. »Sie trennen nicht zwischen online und offline, Schulhof und Internet verschränken sich.«

Auffällig dabei: »Opfer von Cybermobbing werden überdurchschnittlich häufig zu Tätern, die dann andere mobben«, sagt Gasser. »Sie haben gelernt, wie solche Attacken funktionieren, und schlagen in einer Art Blitzableiter-Handlung zurück.« Das heißt, der diabolische Geist überträgt sich auf andere und wirkt durch sie schicksalhaft weiter.

Der Satan liebt den Cyberspace.

Ein 16-jähriges malaysisches Mädchen hatte im Mai 2019 ihre Follower auf Instagram gefragt, ob sie sterben soll oder nicht. »Sehr wichtig. Helft mir bei der Wahl«, schrieb sie. Als Auswahlmöglichkeiten gab sie die Buchstaben D (für Death, Tod) und L (Life, Leben) an. 69 Prozent der Follower empfahlen D. Worauf sich das Mädchen nach Angaben der Polizei der malaysischen Region Sarawak das Leben nahm.

Die Freunde, die sie in den Tod schickten, hatten nicht einmal ein schlechtes Gewissen. Sie hatten bloß an einer Abstimmung teilgenommen, mehr nicht. Yes/No. Life/ Death. Es ist doch nur ein Fingerdruck aufs Display.

Der Tod schleicht aus dem Virtuellen in die Realität.

Gedanken werden zu Bits und Bytes, elektronischen Zuständen, entweder 1 oder 0, und daraus formen sich wieder Gedanken. Alles ist Elektronik, alles ist Energie.

Mobbing hat es immer schon gegeben. Aber noch nie so einen mächtigen, effektiven Kanal.

Der Organismus reagiert auf seine Art. Er verkürzt die sogenannten Telomere, die Enden der Chromosomen. Das heißt, diese Menschen haben schlechtere Karten für ihr physisches Leben. Ihre Zellen altern schneller. Eine entsprechende Studie fand unter Leitung von Daniel Notterman von der *Penn State University* statt und zeigt vor allem, dass Kinder aus armen Familien, die oft angeschrien oder geschlagen werden, deren Mütter alleinerziehend sind oder häufig den Partner wechseln, eine komplizierte Zukunft haben. Erst recht, wenn sie Opfer von Cybermobbing, der wohl grausamsten Form psychischer Gewalt, werden.

Übrigens: Jeder vierte Jugendliche hat bereits versucht, weniger Zeit im Internet zu verbringen, und ist dabei gescheitert. Die digitale Sucht war stärker. Sie mussten online gehen. Konnten nicht anders.

Die Relativierung der Geschlechter

In der Pubertät zeigt einem das Leben die ganze Speisekarte. Alles geht, du kannst alles haben, wenn du willst, oder sagen wir: Wenn du gut genug bist. Aber: Was willst du wirklich? Und: Wer bist du eigentlich? Neben der Phase der Sozialisierung stellt sich die Ungewissheit vor dem Spiegel ein. Das bin ich ... warum? Bin ich das wirklich?

Das Gehirn baut sich in der Pubertät um. Und in diesem Umbauprozess ist eines wichtig: Wie sind die äußeren Reize, während sich das Gehirn umbaut? Immer mehr Kinder sind unsicher, ob sie im richtigen Körper stecken.

Die Frage nach dem richtigen Geschlecht hat sich zum Politikum ausgeweitet. Proponenten einer sogenannten neuen Weltordnung wollen dem Rest der Welt weismachen, dass es Mann und Frau nicht mehr gibt, sondern viel mehr ... alles. *Facebook* zählt mehr als sechzig Auswahlmöglichkeiten, sein Geschlecht festzulegen.

Der Mensch als Hybrid seiner selbst. Ein Es.

Was macht das mit Pubertierenden?

Beratungsstellen erhalten zunehmend Anfragen von Kindern, die sich eine Geschlechtsumwandlung wünschen. Derzeit werden Hormonblocker meist erst dann verschrieben, wenn die Kinder sich in der frühen Phase der Pubertät befinden, medizinisch spricht man vom Tanner-Stadium II. Da entwickelt sich das Brustdrüsengewebe, und die Hoden fangen an zu wachsen.

Die Bedürfnisse und Sorgen von Kindern, die sich im falschen Körper wähnen, darf man nicht unterschätzen. Allerdings ist bei Kindern die Geschlechtsidentität noch nicht ausgeprägt. Studien zeigen, dass sich nur 15 Prozent aller Kinder mit gestörtem Sinn fürs eigene Geschlecht auch noch als Erwachsene als Transgender fühlen.

Auch wenn manche Medien etwas anderes sagen: Experten gehen davon aus, dass nur eines von tausend Kindern vorübergehend ein Transgender ist. Und selbst das gibt sich mitunter. Mann und Frau dürfte es also noch ein paar Jahre geben, bevor sich alles in einem großen Mischmasch auflöst. LGBT, man weiß ja nie.

Spuren der Trennung

Im schicksalhaften Prägefenster Pubertät tauchen noch ganz andere Schwierigkeiten auf. Scheidungen zum Beispiel. Scheidungskinder leiden manchmal ein Leben lang. Sie erkranken öfter, bekommen schlechtere Noten, haben

Probleme in Beziehungen. Psychologen kamen zu dem Schluss, dass Erwachsene, die bei getrennten Eltern aufwuchsen, unzufriedener waren. Natürlich kann man das schwer verallgemeinern, jede Familie ist anders, jeder Scheidungsfall individuell. Die Spätfolgen sind trotzdem oft nicht absehbar. Das Schicksal nimmt sich Zeit. Es hat keine Eile.

Spuren des Denkens

In der Pubertät kann sich auch jede Ideologie wunderbar einnisten. Während dieser Zeit der Entwicklung ist der junge Geist offen für allerhand Wahnsinn.

Bestsellerautor Constantin Schreiber, deutscher Fernsehjournalist und Nahostexperte, hat Schulbücher aus islamischen Ländern analysiert und in einem Buch mit dem Titel »Kinder des Koran« festgehalten. Die Juden seien Feinde der Muslime. Frauen sollten nicht aufreizend sprechen. Und Ungläubige verdienen es, gequält zu werden. Diese Botschaften vermittelt man in Schulen in Afghanistan, im Iran, in Ägypten, in Palästina und in der Türkei. Antisemitismus und Gewalt im offiziellen Lehrplan fallen bei Pubertierenden auf besonders fruchtbaren Boden.

Constantin Schreiber sagt: »Vieles klingt nach Verschwörungstheorie.« Wenn er das Weltbild, mit dem viele Flüchtlingskinder nach Deutschland und Österreich kommen, kritisiert, kommen sofort die Moralkontrolleure und nennen ihn einen Nazi. Schreiber schüttelt den Kopf: »Wenn plötzlich alles rassistisch ist, ist es am Ende irgendwann egal.« Ihm stößt auf, dass dieser Begriff, der etwas so Fürchterliches ausdrückt, so inflationär verwendet wird. Und während im Westen die Menschen mit sich selbst und ihrer bizarren Links-Rechts-Denke beschäftigt sind, wird Schülerinnen und Schülern in Afghanistan und Umgebung eingebläut: Ihr, Kinder, ihr seid Andersgläubigen überlegen.

So steht es im Lehrplan, und so wird das Tag für Tag unterrichtet. Ideologie und Fatalismus passieren nicht schicksalhaft, sie werden geplant in die Welt hinausgetragen. Weil jemand erkannt hat, wann man säen muss, um später zu ernten.

In der Pubertät funktioniert das Indoktrinieren prächtig. Schicksalhaft.

Hier ist sie wieder, die schicksalhafte Bipolarität. Auf der einen Seite suggeriert man jungen Menschen: Nur unsere Religion zählt, alles andere ist minderwertig. Auf der anderen Seite, im Westen, erklären wir unsere eigenen Werte für überholt, veraltet, möglicherweise nationalistisch konnotiert. Ein Gefühl für Identität wird gleichgesetzt mit politisch motiviertem Patriotismus, dem womöglich ein brauner Mief anhaftet. Grenzen wollen ausradiert werden und einer One-World-Märchenwelt Platz machen. Uniformismus ist, was zählt. Alles soll gleich sein, auch

180

die Rose und die Distel, der Baum und der Berg, alles gleich. Natur. Und der Mensch sowieso. Die Gleichmacherei schiebt eine falsch verstandene Weltoffenheit als moralischen Schutzwall vor sich her. In Wahrheit geht es den Konzeptionisten dieses neuen Denkens, dieser neuen Weltordnung, um Kontrolle. Neue Regeln, überwacht durch die digitale Allgegenwart, halten die Menschen im Zaum und erzeugen ein Klima der Paranoia.

Die Botschaft ist unausgesprochen: Wenn du nur einen Millimeter abseits der von uns geschaffenen Moralwege ausscherst, zerreißen wir dich in der Luft. Gewissermaßen ist das die Weiterführung von Cybermobbing. Wer nicht zur Bande gehört, wird den Bestien im Internet zum Fraß vorgeworden.

Es geht darum, nicht einmal in den Verdacht zu geraten, einen Fehler begangen zu haben.

Pass ja gut auf, mein Freund.

Wir müssen uns fragen: Wie prägen wir die Pubertierenden damit gerade? Mit welchen Ideen? Mit welchen gesellschaftspolitischen Konzepten? Wie steht es dabei mit wesentlichen Werten wie Toleranz? Und was wird das alles mit ihnen machen?

Die (Gedanken-)Welt, mit der wir sie prägen, ist in manchen Bereichen gefährlich geworden. Wer eine Frau schief anschaut, könnte als Sexist abgestempelt werden. Wer einen Farbigen rügt, ist automatisch ein Rassist. Wer Flüchtlingen nicht bedingungsloses Verständnis entgegenbringt, trägt mit Sicherheit rechtsradikales Gedankengut in sich. Wer einem Homosexuellen auf Jobsuche einen Posten aus anderen Gründen verwehrt, könnte sich dem Vorwurf der Homophobie aussetzen. Mit einer Mitarbeiterin alleine im Lift zu fahren, könnte bedeuten, sie geht nachher zur Polizei und erstattet Anzeige: Der Arsch wollte mir an die Wäsche! Angst vor Denunziation, Panik vor möglicher Anschwärzung, die bis in die Gerichtsbarkeit hineinreicht. Ein Fehler, und du sitzt im Gefängnis. Oder verlierst deinen Job, deine Reputation, dein soziales Leben, es ist aus. Alles erinnert an die schicksalhafte Inquisition im Mittelalter, die heute durch den digitalen Pranger ersetzt wird, der nicht unbedingt zum physischen, wohl aber zum beruflichen oder psychischen Tod führen kann.

Was säen wir damit bei Pubertierenden, und was werden wir ernten?

An Universitäten toben Kulturkämpfe. Man spricht dort von *safe spaces*, muss Areale schaffen, wo man geschützt ist vor Feinden. Es sind intellektuelle Sicherheitszonen, wo nur Gleichgesinnte hindürfen und nicht Andersgesinnte.

Meinungsfreiheit ist ein Relikt des Millenniums.

Ist das das Schicksal einer neuen Zeit?

Die Auswüchse der im Kern wertvollen und längst überfällig gewesenen Bewegung *#MeToo* haben teilweise eine politische Korrektheit erzeugt, die einer Hexenjagd gleicht. Überall werden sogenannte Mikroaggressionen

vermutet. Winzige Anstößigkeiten, die sich gegen Rand-
gruppen, Minderheiten oder sonst wie vom Leben benach-
teiligte Menschen richten könnten. Jede Unterstellung wird
zur Tatsache. Jeder Witz zum Affront. Jeder Handgriff
zum Untergriff. Es bildet sich eine Geistigkeit aus, die man
nicht einmal im mittelalterlichen Christentum findet. In
den USA kann das Wort »Brüste« aus dem Mund einer
männlichen Lehrperson Millionenklagen verursachen.

Ist es wirklich das, was wir wollten?

Diese Entwicklung, diese Veränderung des gesellschaftlichen Kontextes, könnte übrigens – auch das ist
eine Hypothese – eine Folge einer ganz spezifischen und
besonders massiven Umweltbelastung sein. Die Rede ist
von der Überschwemmung unserer Welt mit Östrogenen,
die ich schon in meinem Buch *Woher wir kommen, wohin
wir gehen – Die Erforschung der Ewigkeit* ausführlich beschrieben habe.

Der entscheidende Punkt dabei ist: Die Östrogene, die in
Pestiziden und vielen anderen Stoffen, mit denen wir täglich direkt oder indirekt in Berührung kommen, enthalten
sind, können die östrogenabhängigen Teile des kindlichen
Gehirns verändern. Das haben mehrere Studien gezeigt.
Umweltöstrogene verändern im Gehirn die Reaktion auf
alles, was mit Geschlecht und Sexualität zu tun hat.

Was bedeuten kann: Der Wahnsinn, in dem wir leben, könnte eine von uns selbst durch einen respektlosen
Umgang mit der Natur hervorgerufenen Fehlentwicklung

sein. Ich sage bewusst »Fehlentwicklung«, möge mir aufgeregt widersprechen, wer wolle.

Die Östrogene in unserer Umwelt würden auch die Unterschiede der aktuellen Political-Correctness-Welle zur ersten in den Achtzigern und Neunzigern erklären. Im Gegensatz zu damals geht es, um beim Beispiel Universitäten zu bleiben, nicht mehr um die Diversifizierung des Lehrplans oder das Aufbegehren gegen Diskriminierung. Es geht um das emotionale Wohlbefinden einer Generation. Einer Generation, die Experten als Narzissten-Generation bezeichnen, weil sie als Kinder daheim geradezu vergöttert wurden.

Jede junge Frau und jeder junge Mann kann heute seine subjektive Gefühlswelt als objektiven Grund für eine Belästigungsklage anführen. Social Media hier, E-Mail dort, eine Beschwerde an die zuständigen Aufsichtsgremien, ein Posting auf *Facebook*, und der Herr Professor kann seine Sachen packen.

Emotionale Betroffenheit, gespielte Aufgewühltheit oder nur ein falsches Wort rufen den Anwalt auf den Plan.

Was macht es mit den Pubertierenden, dass ihre Lehrpersonen Angst vor ihnen haben müssen?

An der Eliteuniversität Oxford wurde eine Diskussion über Abtreibung abgebrochen, nachdem sich Studentinnen über die Gegenwart einer »Person ohne Uterus«, also eines Mannes, beklagt hatten. Die Person ohne Uterus musste den Schwanz einziehen und gehen.

An der *University of Washington* wurde zu Halloween ein Dresscode-Video verschickt: keine Kostüme mit stereotypen Signalen, die Volksgruppen beleidigen könnten. Am *Bowdoin College* in Brunswick wurden Disziplinarstrafen erteilt, weil Studenten Mini-Sombreros zu einer Tequila-Party getragen hatten. Das würde die Mexikaner verstören. An der Universität Louisville entschuldigte sich der Präsident bei allen Latinos, weil er zu Halloween in einem Poncho erschienen war, das hätte Indios vergrämt und zu einer Klage angeregt.

Am *Oberlin College* ging die Sozialpanik sogar soweit, dass man sich vom Essen belästigt fühlte. Im campus-eigenen *African Heritage House* seien die Speisen »nicht authentisch«. Und das käme einer »Herabsetzung afrikanischer Sitten« gleich. Auch die Cafeteria bekam ihr Fett ab: Sushi und Bán mì, vietnamesische Brote, waren mit falschen Zutaten im Angebot, das gäbe die jeweilige Landeskultur der Lächerlichkeit preis. Schande über euch Köche. Schämt euch, dass ihr die Brote nicht originalgetreu belegt habt.

Der wahnsinnige Trend zur Ethno-Panik ist bereits auf Europa übergeschwappt, allerdings sind hier die möglichen Klagesummen vergleichsweise gering. Man kann noch relativ ungestraft einen Panamahut tragen.

Das dahinterliegende Problem ist die subjektive Empfindlichkeit. Sie wird zum objektiven Parameter. Das ist gesellschaftlich ein Problem, und möglicherweise ist da das Environment, die Außenwelt, die Umwelt, mit involviert.

Das Immunsystem, das mit der Psyche kommuniziert. Die microRNA, die in Kontakt mit der Außenwelt steht und den Körper gegebenenfalls anpasst. Schicksalhafte Entwicklungen, Ausformungen, soziopsychologische Deformierungen. Führt die neue Vorsicht im Umgang miteinander zu einer realitätsverzerrenden Verhaltensweise, zu einer Einschränkung der Redefreiheit? Ja.

Es gibt kaum mehr Witze, die sich die Leute erzählen, falls Ihnen das noch nicht aufgefallen ist. Schweigen ist sicherer in Zeiten der Moraldoktrin. Sogenannte *trigger warnings* werden ausgegeben: Das sind Stellen in Büchern, die möglicherweise Anstoß erregen. Viel Spaß damit bei Charles Bukowski, meine Damen und Herren.

Hemingway müsste in den Augen der Weltverbesserer postum redigiert werden, weil er das Wort »Neger« geschrieben hatte, das seinerzeit nicht despektierlich war, aber egal, heute stößt es uns sauer auf. Und Goethe müsste bei genauem Nachlesen auch schon langsam als gefährlich eingestuft werden, aber ich will ihn hier nicht bloßstellen. Sollen wir gefährliche Bücher am besten gleich verbrennen? Willkommen bei Ray Bradburys *Fahrenheit 451*.

Wie also prägen wir Pubertierende auf diese Weise?

Junge Menschen sehen diesen künstlich generierten Entwicklungen mit gespielter Gelassenheit entgegen, die allerdings einem Tarnschild gleichkommt. Dahinter steckt psychische Fragilität, und diese Fragilität äußert sich in einer zynischen Egozentrik.

Die Generation Y hat ein Identitätsproblem, wie Forscher in den USA herausgefunden haben.

Ist das das Schicksalsgefühl der nächsten Generation? 3.100 Erwachsene unterschiedlicher Generationen wurden zu ihrem Weltbild befragt, vor allem ihrer Selbsteinschätzung. Menschen im Alter von 18 bis 34 haben eine ziemlich schlechte Meinung über sich. Da fallen Attribute wie »gierig«, »egozentrisch« und »verschwenderisch«. Politisch eher uninteressiert, halten sie sich nicht für selbstständig oder fleißig, für mitfühlend auch nur dann und wann.

Unter den 51- bis 69-Jährigen herrschte ein anderes Selbstbild. In dieser Gruppe ist das Wort »fleißig« für 77 Prozent treffend, »verantwortungsvoll« für 66 Prozent und »selbstständig« für 51 Prozent. Die junge Generation Y hält also nicht besonders viel von sich. Eine pubertäre Prägung in Zeiten wie diesen?

Die sogenannte Babyboomer-Generationen, geboren zwischen 1946 - 1965, hat noch ein anderes Werteschema vorgegeben und den Kindern vorgelebt: Schau auf eine gute Bildung, such' dir einen gut bezahlten Job, finde einen festen Partner, kauf dir ein Auto, bau dir ein Haus und kümmere dich darum, dass du möglich bald ein Kind hast.

Die Ideale, vor allem der Zusammenhalt durch die Familie, scheinen aber auch gerade jetzt wieder wichtiger zu werden. Die junge Generation opfert Geld für mehr Freizeit, verzichtet auf Luxus zugunsten von Freundschaft. Andere Glaubenssätze bilden sich, eine Art neues Biedermeier mit iPhone-Romantik entsteht.

Es gibt Auswege

Es kommt darauf an, Kinder in der Pubertät nicht sich selbst zu überlassen, auch wenn es bisweilen die naheliegende und manchmal eine im Moment vielleicht sogar emotional befriedigende Reaktion ist. Denn bis dahin sind sie süß und lieb, ihre Eltern vergöttern und verhätscheln sie. Doch nun scheinen sie auf einmal nur noch blöd und frech zu sein und allzu leicht gehen Eltern auf Distanz.

Was wir hier tun können, tun sollten, tun müssen, um ihr Schicksal in die richtigen Bahnen zu lenken, ist: begleiten, auch wenn es noch so anstrengend ist und wir auf noch so große Widerstände stoßen. Und vor allem eins: sensibilisieren. Wir müssen unseren Kindern klarmachen, welch eine schicksalhaft prägende Phase die Pubertät ist, für sie selbst, aber auch für die anderen Kinder.

Ich bin bereit zu glauben, dass das möglich ist. Wir können das Sensorium unserer Kinder für den Umgang mit den anderen verfeinern und ihnen klarmachen, was es bedeutet, wenn sie jetzt andere mobben, verletzten, bloßstellen, durch gehässige Postings und was ihnen alles sonst noch an Gemeinheiten einfallen mag. Dass sie damit auf ihr ganzes Leben negativ einwirken, bis hin zu der vielleicht unglücklichen Rolle, die diese Kinder sehr viel später einmal im Altenheim einnehmen werden.

Warum sprechen Lehrer nicht im Aufklärungsunterricht darüber? Das ist kaum der Fall. Dabei ist dieses Thema unermesslich viel wichtiger als eine Diskussion über Penisgrößen und Stellungen beim Geschlechtsverkehr. Wenn wir im Schulunterricht über die Rettung des Klimas sprechen können, warum dann nicht auch über Fairness und Anständigkeit, und darüber, warum sie gerade in dieser Phase so wichtig sind?

Die Schicksalsmacht der Bioingenieure

Ebenso schleichend wie unser Moralkodex ändert sich, auch das scheint mir in diesem Zusammenhang wichtig zu sein, unsere kollektive Einstellung zur Sexualität. Forscher meinen, einiges deute darauf hin, dass sich die Fortpflanzung grundlegend ändern werde. Die Zukunft wird steril und geschieht in Hightech-Laboren der Industrienationen. Gesunde Kinder mit gewünschten Merkmalen zu einem bestimmten Termin. Im Reagenzglas geht alles.

Das ist ein Eingriff in die Evolution, wie er schicksalhafter nicht sein könnte. Auch die Altersfrage von Müttern ist obsolet, wenn es in Zukunft genauso wie Samenbanken auch Eizellenbanken geben wird. Wer will sich dann noch im Kreißsaal die Seele aus dem Leib schreien? Freiwillig?

Der Wunsch nach biologischer Optimierung existiert schon lange, erstaunlich ist die Geschwindigkeit, mit der heute Dinge möglich werden. Wir dürfen der Wissenschaft nicht die Schuld daran geben. Das Problem ist systemimmanent. Die Gesellschaft verlangt nach besseren Menschen. Defizite sollten genetisch weggeschnipselt werden. Bioingenieure designen perfekte Babys. *Human Engineering* definiert das Menschsein neu. Der Mensch wird zum Kreateur seiner eigenen Evolution. Und selbst zum Designobjekt.

Wer auf natürliche Weise auf die Welt kommt, fällt irgendwann durch alle Erfolgsraster. Er oder sie ist nur zu ... was sagt der Algorithmus? ... ach ja, nur zu 72 Prozent gut.

Manche Schicksale sind in Zukunft unausweichlich.

Im März 2019 haben 18 Genforscher und Ethiker im Fachjournal *Nature* einen Aufruf für ein internationales Moratorium gestartet. Sie wollen »Straßensperren« errichten vor dem Plan, die menschliche Spezies umzuformen, auch mit der microRNA. Ethische Straßensperren in Form von freiwilligen Selbstverpflichtungen, zumindest vorerst nicht in die menschliche Keimbahn einzugreifen.

Dazu fand ein großes Symposium in Eichstätt in Oberbayern statt, aus aktuellem Anlass. Weil man nun weiß, dass es nicht die Gene sind, die die Evolution verantworten. Der Unterschied in den Genen zwischen Mensch und Schimpanse liegt nur bei rund einem Prozent. 99 Prozent sind genetisch identisch.

Die Frage in Eichstätt war: Was ist der Mensch dann wirklich? Die Gene sind es nicht, die den Unterschied machen. Jetzt wissen wir, es sind die Genregulierung und die dunkle DNA, die wir nur für dunkel gehalten haben – deshalb ist eine neue Definition des Menschseins notwendig.

Allerdings, diese Frage ging an das Publikum, wenn man eine schwere Krankheit durch Eingriffe ins Erbgut beseitigen kann, Brustkrebs zum Beispiel, soll man es machen: Ja oder Nein?

Die überwältigende Mehrheit sagte: Ja.

Wo also bewegt sich die Welt hin? Richtung Künstlichkeit oder Richtung Menschlichkeit? Tendenzen gibt es in beide Richtungen.

Die eine Richtung: Im April 2019 sorgte eine deutsche Lehrerin für Aufsehen, die sich lautstark gegen das Kinderkriegen ausgesprochen hat. Mutter sein sei in ihren Augen das Letzte.

Die Dame hat sich als Autorin versucht: *Kinderfrei statt kinderlos* ist ein wütendes Pamphlet gegen familiären Zusammenhalt und laut Eigendefinition »radikalfeministisch«. Wenn sie in den vergangenen 15 Jahren gefragt wurde, warum sie – als Lehrerin – keine Kinder habe, sagte sie: »Weil ich nicht so enden möchte wie ihr.« Was man als Mutter zurückbekäme, wären volle Windeleimer, ausgeleierte Beckenböden und einen dramatischen Karriereknick obendrauf. Die Autorin schreibt: »Kinder sind die Klimakiller Nr. 1.«

Die Frau führt einen Kreuzzug gegen die Fortpflanzung und sieht Verbündete in der angelsächsischen Childfree-by-Choice-Bewegung, in David Benatar, einem Vertreter der südafrikanischen Antinatalisten, die gegen die Geburt an sich sind, und einem kanadischen Klimaaktivisten. Da haben sich die Richtigen gefunden. Sie raten aus »sozialen, philosophischen und umweltpolitischen Gründen dringend von der Fortpflanzung ab«. Ihr Leitspruch: *Save the earth, stop giving birth.*

Hier hat die microRNA anscheinend direkt die Psyche angegriffen.

Der Vater der Gebärverweigerin war einer der Ersten, die zur Kinderfrei-Hassschrift gratuliert haben. »Ich sehe das genau wie sie«, soll er gesagt haben. »Familie ist ein reaktionäres Projekt.«

Sie selbst sieht im Gebärstreik eine bessere Zukunft: »Die Sozialsysteme brauchen keine Kinder, der Kapitalismus braucht Kinder.« Alles andere hielte sie für eine nationalistische Position. Sie amüsiert sich köstlich darüber, dass sie mit 38 noch Trampolinspringen kann, während da bei einer Frau, die mehrere Kinder entbunden hat, »gerne mal ein bisschen Pipi ins Höschen tropft.«

Diese Frau ist Lehrerin für Deutsch, Englisch und Ethik an einem Gymnasium in Regensburg. Die Bild-Zeitung fragte den Präsidenten des Deutschen Lehrerverbandes, was er von der »Herzlos-Lehrerin« halte. Antwort: »Ich hoffe, dass die Dame als Lehrkraft mehr Empathie für ihre SchülerInnen aufgebracht hat, als diese unsäglichen Äußerungen befürchten lassen.« Ist das für eine Person, die junge Menschen prägt und sich gegen die Verfassung der Natur stellt, nicht noch zu vornehm?

Ungeniert ruft die Radikalfeministin weiter auf zur Aktion Birthstrike. Sie selbst hatte übrigens eine tolle Kindheit, sagt die Antimutter.

Es macht ihr Spaß, die Verfassung der Natur als hinfällig anzusehen. Ein überholtes Modell, dem man in den vergangenen 400.000 Jahre viel zu viel Beachtung geschenkt hat. Subjektive Befindlichkeit soll zum Gesetz erhoben werden. Rettet das Klima. Schafft die Fortpflanzung ab. Radiert euch aus, fegt euch von der Platte.

Soll hier ein neues Menschenschicksal vorbereitet werden? Seltsam, dass hier niemand aufschreit und die Frau eine verrückte Faschistin schimpft.

Diese Auswüchse spiegeln keineswegs die Realität wider. Es gibt sie gottlob noch, die andere Richtung, die Liebe, die Ehe, die Familie und den Glauben ans Glück.

Auch wenn linksliberale Medien das gerne verzerren. Im sogenannten fortschrittlichen familienpolitischen Diskurs wird die Ehe, ja gar die Ehe mit gemeinsamen Kindern, die unter einem Dach aufwachsen, als ein Lebensmodell unter vielen dargestellt. Regenbogenfamilien, Patchworkfamilien, alleinerziehende Mütter, homosexuelle Ehen und komplizierte Scheidungen dominieren die Debatte. Als stünde das alles auf einer Ebene. Tut es nicht.

Die Institution Ehe erlebt trotzdem gerade eine Renaissance, erfreut sich ungeahnter Beliebtheit und erstaunlicher Stabilität. Die Ehe gilt bei Weitem nicht als altbackene Form des Zusammenseins. Sie ist ein Commitment, gleichsam Bindung wie auch Verpflichtung.

Die Liebesehe ist das große Vorbild nach wie vor.

Das fehlende Talent für harmonische Beziehungen wird tatsächlich mit Schmerzen empfunden. Offensichtlich gibt es hier schon ein gewisses kollektives Empfinden. Und das drückt sich in einer anderen Zahl aus: Scheidungen gehen immer mehr zurück. Die Liebe hält das Schicksal in Balance.

Alles geschieht durch schicksalhafte Einwirkung. Nicht durch den genetischen Zufallsgenerator.

Das Ergebnis der bisher umfangreichsten Auswertung von Abstammungsdaten haben Forscher der *Google*-Tochterfirma *Calico* veröffentlicht. Eingeflossen sind Daten von 400 Millionen Menschen.

Bisher dachte man, die Erblichkeit der Lebensdauer liege bei 15 bis 30 Prozent. Die neue Analyse zeigt, dass die Bedeutung der Gene deutlich darunter liegt. Gleiche Lebensverhältnisse und Umweltfaktoren spielen eine größere Rolle als gleiche Genvariationen und sind verantwortlich für die Langlebigkeit.

Und dann verglich *Calico* diese 400 Millionen menschlichen Daten und sah, wenn man die Geschwister vergleicht, da ist nicht die Erblichkeit entscheidend, sondern interessanterweise: Man passt sich an das Ambiente an, an den Partner. Im Großen und Ganzen.

Also die Gene haben weniger als 15 Prozent Einfluss auf die Lebensdauer. Stattdessen gilt: Wenn die Frau alt ist, wird auch der Mann älter, sie passen sich an, oder das Environment hat einen größeren Einfluss.

Was wir über die microRNA wissen, spricht dafür. Es sind nicht nur die Gene, es ist der Lebensstil, es ist das Miteinander, die Partnerschaft, und es ist auch die microRNA. Die Geschwister, hat *Calico* veröffentlicht, entwickelten sich völlig unterschiedlich in der Lebensdauer, wobei eben der Umstand von Bedeutung war, mit wem sie leben. Da scheint es zu Beeinflussungen zu kommen. Dem Partner gleicht man sich später im Leben eher an als der Schwester oder dem Bruder. Erstaunlich, nicht?

Das Schicksal schweißt die Liebenden zusammen. Und die Liebe hält sie länger am Leben.

Unser Gesicht sagt alles

Es liegt Spannendes hinter uns. Wie wir selbst unser Schicksal und das der Menschheit neu programmieren können. Wie wir es gestalten können, vielleicht auch über die Gestaltung unseres Gehirns. Wie das Leben unserer Eltern uns als Kind beeinflusst hat, noch bevor wir überhaupt gezeugt waren. Welche Rolle es spielt, ob der Vater vielleicht Sport betrieben hat, oder die Mutter schlank war. Wie und warum das mehr mit der nächsten Generation zu tun hat, als wir je ahnten. Wie und warum schreckliche Erfahrungen unserer Eltern und Großeltern in uns fortwirken können, ohne dass es uns bewusst ist. Wie selbst der Akt der Zeugung ein Kind beeinflusst. Wie und warum zum Beispiel Jahreszeit und Temperatur beim Geschlechtsverkehr schicksalshaft sind. Wie uns die Schwangerschaft unserer Mutter prägt. Welche Erfahrungen später als Kleinkind unser Schicksal bestimmen. Was uns in der Pubertät nahezu unwiderruflich festlegt und damit zu unserem Schicksal wird. Oder wie die Zeit, in der wir leben, unser Schicksal bestimmt. Und immer wieder hat sich gezeigt, wie wir leben, handeln und denken müssen, um unser Schicksal als Art, als Gesellschaft, als Familie oder familienähnliche Gruppe und als Individuen in die Hand zu nehmen, zum Guten zu wenden, sogar über den Tod hinaus.

Es gibt dabei einen faszinierenden Punkt, den die Wissenschaft erst allmählich einzuordnen und zu nützen versteht, und der das Potenzial hat, unsere Perspektive auf den Menschen, unseren Umgang miteinander und die Rolle des Individuums in der Gemeinschaft maßgeblich zu verändern: In Zukunft könnte unser Gesicht über unser Schicksal mitbestimmen. In gewisser Weise mag das immer schon so gewesen sein, weil Menschen, die innerhalb des gesellschaftlichen Kontextes, in dem sie leben, als schön gelten, schon immer andere Erfahrungen gemacht haben. Doch in Zukunft wird das weit darüber hinausgehen.

Denn in unserem Gesicht ist ablesbar, wie und wer wir sind. Intuitiv haben wir einander schon immer auch über nach nicht so genau wie der Faktor Schönheit bestimmbaren Eindrücken beurteilt, doch in Zukunft werden das nicht mehr wir Menschen tun, sondern Maschinen. Alles, was wir sind, lässt sich durch moderne Gesichtserkennung detailliert ablesen, so weit ist die digitale Revolution schon: Charakterzüge, Erbkrankheiten, sexuelle Präferenzen und so weiter.

Wenn uns in Zukunft beim Einchecken am Flughafen ein Gesichtsscanner überprüft, dann wirft er für uns auf Wunsch vielleicht auch gleich eine medizinische Analyse aus, die genauer ist als eine, die kompetente Ärzteteams in tagelangen Untersuchungen erstellen können. Oder er wirft sie nicht aus, sondern leitet sie, je nach politischem System und gesellschaftlicher Übereinkunft zu diesem Thema, gleich an staatliche Kontrollorgane weiter, oder an Versicherungen, die danach die Beitragshöhe ermitteln.

Es kann tragisch sein, auf welche Weise unser Gesicht dann zu unserem Schicksal wird. Wenn etwa Dating-Plattformen das Hochladen von Gesichtsscans anbieten, damit sich mögliche Partner oder Partnerinnen ein wirklich genaues Bild von einem machen. Wer, bei dem vielleicht eine Erbkrankheit angelegt ist, oder der das Hochladen auch nur verweigert, wird dann wohl noch eine Partnerin oder einen Partner für die Familiengründung finden? Oder wenn Gesichtsscans bei Jobbewerbungen verlangt werden: Wie viele Merkmale kann ein Gesicht haben, die künftige Arbeitgeber zögern lassen würden? Und welche Rolle wird dann das jedem Menschen zu jedem Zeitpunkt innewohnende Potenzial, sich aus eigener Kraft oder durch äußere Einflüsse zu verändern, noch spielen? Das Gesicht, das wir mit uns herumtragen, ist dann unser Schicksal.

Science-Fiction? Wir sind schon daran gewöhnt, dass die Realität alles, was wir eben noch für Science-Fiction hielten, bei Weitem überbietet. Und so ist es auch hier. Aber wie kann es sei, dass unser Gesicht der Spiegel nicht nur unserer Seele und unserer Stimmungen, sondern auch unserer Psyche und unseres Körpers ist?

Ein Bericht im Magazin *Nature Medicine* hat gezeigt: Man kann heute durch die Gesichtserkennung 200 Erbkrankheiten identifizieren, zum Beispiel Chorea Huntington. Ganz ohne zusätzliche Untersuchungen. Es sind Erbkrankheiten, die man beim Kind noch gar nicht richtig diagnostizieren kann, weil oft nur Stoffwechselvorgänge betroffen sind. So etwas erkennt kein Mensch, so etwas erkennt aber ein Algorithmus, und zwar sofort bei der Geburt. Die künstliche Intelligenz war bei einem Versuch dem klinischen Blick von 65 Experten deutlich überlegen.

Formbildende Veränderungen

Die Wissenschaft weiß: Unser Gesicht ist bis zu einem bestimmten Grad einer Entwicklung unterworfen. Die Lehre der Psycho-Physiognomik sagt, dass das menschliche Erscheinungsbild sowohl auf genetischer Grundlage als auch auf Sozialisierung aufbaut.

Mehr als 250 exakt definierte Gesichtsmerkmale zeigen, wer der Mensch in Wahrheit ist. Ja, sogar die sexuelle Orientierung lässt sich damit tendenziell erkennen. Ein Foto genügt, um zu wissen, ob jemand schwul, lesbisch oder hetero ist. Nachdem einem jungen Menschen in der Pubertät die Sexualhormone eingeschossen sind, verändern sich auch die optischen Parameter, besonders das Gesicht. Eine künstliche Intelligenz kann ganz leicht entscheiden, welcher Mann einer schönen Frau nachschaut, oder lieber einen jungen Adonis bewundert.

Einen Menschen bloß aufgrund seiner Gesichtszüge charakterlich einordnen zu können, ist der Traum jedes Diktators. In einer autoritären Gesellschaftsstruktur könnten damit ganz leicht Aufwiegler oder Revoluzzer bestimmt und herausgefischt werden. Ein Algorithmus wacht über die Massen und klärt permanent ab, wer dem Staatsapparat gefährlich werden könnte. Der Detektor meldet jede Anomalie an die Exekutive. Ah, der dort, 87-prozentige Chance, dass die Person einen Rebellionsgeist entwickeln könnte, sagt das Face-Scanning. Sofort abholen und intensiv befragen. Das System kriegt alles mit, was in der Psyche schlummert. Begierden, verstecktes Aufbegehren, der latente Wille, Unfrieden zu stiften, ein offenkundiger Hang zur Brutalität, Mordlust. Das erlaubt die Zuordnung.

Das Schicksal ist uns ins Gesicht geschrieben.

Und dort gespeichert.

Das Wissen um die Physiognomie, insbesondere um die Zuordnung von Charaktereigenschaften, wurde übrigens bis zur Antike als »die dunkle Kunst« beschrieben. Ein Zauber, der manche zu Wissenden machte, weil sie Menschen anders, genauer zu deuten vermochten. Die dunkle Kunst. Aristoteles hat das schon gesagt, Paracelsus und Humboldt haben das ebenso gekannt. Und dann hat man dieses Wissen im 20. Jahrhundert für die Rassenhygiene missbraucht. Dadurch ist das Ganze vom Tisch gekommen. In Wirklichkeit war es schon über Jahrhunderte bekannt. Dunkles Wissen.

Auch in der TCM, der Traditionellen Chinesischen Medizin, ist ein Teil die Blickdiagnose, desgleichen bei der Akupunktur. Dass man zum Beispiel anhand von Gesichtsmerkmalen oder dort, wo man dann die Nadeln hineinsticht, sieht: Der Mensch hat ein Leberproblem.

Der wichtigste Punkt in der Physiognomik ist die Relation zwischen Breite und Länge. Zweiter Punkt ist die anthropomorphe Beschreibung der Nase. Ein dritter, essenzieller Punkt sind die Backenknochen. Weitere Parameter sind die Iris in den Augen und das Verhältnis zwischen Oberlippe und Augenlid.

Und auch hier gibt es Überraschendes. Ein rundes Gesicht zum Beispiel signalisiert ein eher aggressives Verhalten, das hat eine britische Studie der *Leeds University Business School* ergeben. Seltsam, nicht? 103 Probanden hat man untersucht, die Resultate liefern neue Aussagen über Aussehen und Verhalten, außerdem über das Verhältnis zwischen Breite und Länge des Gesichts als Signal für Dominanz und Aggression.

Eine zweite Arbeit, eine US-amerikanische Studie, kommt von der University of Colorado Boulder. Die Forscher haben Fußballer unter die Lupe genommen, die an der WM in Südafrika teilgenommen haben, und erkannt: Je breiter das Gesicht war, desto mehr Tore haben sie geschossen.

Der Charakter im Gesicht. Die *Facial-wide-to-height-ratio* als Koeffizient berechnet den Abstand zwischen den Wangenknochen, geteilt durch den Abstand zwischen Augenbraue und Oberlippe. Die Fußballer mit wuchtigerem Antlitz, das lasen die Forscher heraus, neigen zu mehr

Aggressivität, haben eine größere Durchsetzungskraft, machen mehr Fouls, treffen öfter.

Eine kanadische Studie der *Brock University St. Catharines* an Eishockey-Spielern hat gezeigt: Das Testosteron sorgt dafür, dass das Breite-Länge-Verhältnis im Gesicht von Männern größer ist. 88 Probanden wurden anhand eines Computerspiels getestet, bei dem sich ebenfalls herausstellte, dass sich männliche Spieler umso angriffslustiger verhielten, je breiter ihre Gesichtszüge waren. Der Gegencheck in der realen Welt erlaubte dann sogar ziemlich präzise Vorhersagen auf das Spielverhalten.

Bis zu einem gewissen Punkt ist sogar die soziale Herkunft im Gesicht abzulesen.

Alles wird *predictive.*

Vorhersehen und voraussagen, wie sich Menschen in bestimmten Situationen verhalten werden. Das hat unter anderem Donald Trump verholfen, US-Präsident zu werden.

Predictive Policing

Predictive Policing, die Voraussage, ob jemand ein Verbrechen begehen könnte, war im Science-Fiction-Thriller *Minority Report* das Kernthema, das Tom Cruise ziemlichen Stress gemacht hat. Mittlerweile ist es Realität.

Predictive Policing bedeutet vorhersagende Polizeiarbeit und bezeichnet laut Wikipedia »die Analyse von Falldaten zur Berechnung der Wahrscheinlichkeit zukünftiger Straftaten zur Steuerung des Einsatzes von Polizei-kräften«.

Testbetriebe von computergesteuerten Fahndungs-systemen gibt es bereits in Berlin, Stuttgart, Hamburg, Niedersachsen, Hessen, Nordrhein-Westfalen, Nürnberg, München und auch schon in Zürich. Am besten, wir den-ken nichts Schlechtes mehr.

Eine weitere Studie im *American Journal of Medical Genetics* hat genetische Profile von 1.263 Personen unter-sucht und etwas Sagenhaftes herausgefunden: Menschen mit blauen Augen neigen eher zur Alkoholsucht. Kein Scherz. Sie vertragen übrigens auch mehr. Sprich, Blauäugige sind nicht so schnell blau wie Menschen mit dunklen Augen.

Eine Studie der schwedischen Universität Örebro geht noch weiter und stellt einen Zusammenhang zwischen Augenfarbe und Charakter her. Ein Gen namens Pax6 spielt hier eine Schlüsselrolle. 400 Probanden wurden un-tersucht, ihre Iris auf Pigmentflecken, Kontraktionsringe und sternförmig verlaufende Furchen gecheckt.

Längsfurchen in der Iris geben Aufschluss auf den Charakter. Sie deuten auf ein freundliches, offenes Wesen hin und stehen für Eigenschaften wie Wärme, Ein-fühlungsvermögen und Vertrauen. Je dichter die Furchen sind, desto ausgeprägter sind diese Eigenschaften. Die Kontraktionsringe, zarte Bogenabschnitte oder Kreise um die Pupille, finden sich dagegen häufiger bei impulsiven, gar neurotischen Menschen oder bei Leuten mit großer Selbstdisziplin. Bei Pigmentflecken konnten die Forscher keinen Zusammenhang finden.

Die Nasenspitze wurde 2013 im *Journal of Craniofacial Surgery* beschrieben. Wer eine beachtliche Nasenspitze hat, legt den Fokus vor allem aufs Finanzielle. Wenig ausgeprägte Nasenspitzen gehören zu Menschen, die herzlich und liebenswürdig sind und keine Affinität zum Geld haben.

Forscher in Pittsburgh wiederum entdecken andere Zusammenhänge: Frauen mit blauen Augen sind leidensfähiger, ertragen die Schmerzen bei der Geburt besser, sind aber auch, wenn sie Alkohol trinken, schneller erregt.

Erstaunlich, wie da Relationen hergestellt werden. Der klinische Blick zeigt uns ja, dass man als guter Arzt oft durchs Hinschauen weiß, was mit dem Patienten los ist.

Ein Forscherteam aus Stockholm, New York und Essen hat herausgefunden: Auch ungeschulte Menschen können eine intuitive Blickdiagnose ganz gut hinkriegen, vorausgesetzt, sie wissen, worauf sie achten müssen. Ein intuitives Scanning erfolgt innerhalb von Millisekunden. Da wird abgecheckt, ob jemand krank aussieht, blass ist, schwitzt, schlecht riecht, gebückt geht oder sonst wie marod wirkt.

Und dann gibt es eine sehr interessante Untersuchung der Uni Amsterdam. Es geht um die Wahl von Führungspersonen: Wie suchen Kuratorien und Aufsichtsräte die neuen Chefs aus? Fazit: Leader müssen lediglich gesund

aussehen. Der äußere Eindruck entscheidet in 69 Prozent
der Fälle.

Führungskräfte werden also nicht danach ausgesucht,
ob man ihnen die Intelligenz im Handeln zuschreibt, sondern ob ihnen die Fitness ins Gesicht geschrieben ist.
Gesunder Look vor profundem Können. Dem einen oder
anderen wird das bekannt vorkommen, wenn er sich
in seiner Firma oder in der Politik umschaut. Niemand
will Chefs, die ausschauen wie Nebendarsteller bei *The
Walking Dead.* Intelligente Verhandler braucht es weniger
als Kraftprotze im grauen Armani-Anzug, die jeden Tag
daherkommen, als hätten sie eine Woche auf den Bahamas
verbracht, mit ausgiebigen Strandläufen, einer strengen
Diät und viel Ananassaft.

Fit für den Vorstand, das geht. Die Studie stammt aus
dem Jahr 2014, geändert hat sich daran nichts. Wer gesün-
der wirkt, macht alles besser.

Visionen im Uterus

Dieses Schicksalhafte hat, wie man jetzt herausfand, einen
biologischen Hintergrund aus der präexistenten Keimzelle.
Aus den Visionen, die im Uterus stattgefunden haben. Da
schwingt wahrscheinlich etwas mit in den Gameten, den
Geschlechtszellen, das auf die Anatomie des Schicksals
und die des Menschen stark einwirkt. Auf sein Gesicht,
auf seine Mimik, auf seine Augen, auf die ganze Art.

Ein israelisches Start-up namens *Faception* entwickelte eine Gesichtserkennungssoftware, die Abstände zwischen bestimmten Punkten im Gesicht markiert. Daraus leitet der Computer Persönlichkeitsmerkmale ab. Der Mensch kann klassifiziert werden, als Pokerspieler, Genie, Pädophiler oder als Terrorist. Im *Wallstreet Journal* sagte *Faception*-Chef Shai Gilboa: »Unsere Persönlichkeit ist determiniert. Sie spiegelt sich in unserem Gesicht.«

Das hat eine US-Firma dann in sogenannten Deep-Learning-Netzwerken übernommen, um die ethnische Herkunft von Menschen in Prozentanteilen herauszufiltern. Sogar das renommierte Münchner Fraunhofer-Institut erforscht anhand der Gesichtserkennung das Konsumverhalten der Menschen.

Es ist klar, worauf das hinausläuft. Das heißt, man braucht in Zukunft nicht einmal einen Algorithmus, der *Facebook*- und sonstige Aktivitäten abcheckt, der schaut uns einfach nur mehr an und weiß, wie groß die Chance ist, dass wir dieses oder jenes Produkt kaufen. Die Valentino-High-Heels gefallen Ihnen? Auch wenn Sie's noch nicht wissen: Sie werden Sie zu 92 Prozent kaufen, und zwar voraussichtlich in den nächsten vier Tagen. Ihr Shopping-Schicksal ist so gut wie fix.

Die Sicherheitskontrolle am Flughafen von morgen kann tatsächlich aus einer Security-Straße bestehen, mit Metalldetektor, Körperscan und Gesichtserkennung.

Das System gleicht ab: Sie, ja Sie. Der Reisepass stimmt, aber Moment. Sie haben einen aggressiven Zug. Die Chance, dass Sie im Flugzeug Probleme machen, liegt bei 39 Prozent. Sie stellen ein leichtes Sicherheitsrisiko dar. Melden Sie sich beim FlightBot für weitere Überprüfungen. Dafür sagt Ihnen der Health-Check, der nebenbei mitläuft: Wenn Sie wieder zu Hause sind, lassen Sie Ihre Leber anschauen. Elektronische Blickdiagnostik ist gefühllos und unglaublich effizient.

Das ist die Schicksalhaftigkeit des Gesichts.

Die Persönlichkeit, vor allem die dunklen, gefährlichen Seiten, ist im sogenannten D-Faktor definiert. D-Faktor steht für Dark-Faktor.

Forscher aus Ulm, Landau und Kopenhagen haben die vielen Aspekte problematischer Persönlichkeiten auf ein paar grundlegende, gemeinsame Eigenschaften reduziert. 2.500 Personen wurden per Fragenkatalog mit dem Ziel gecheckt, besondere Persönlichkeitszüge zu erfassen. Neun Eigenschaften haben sich herauskristallisiert. Egoismus. Machiavellismus. Gehässigkeit. Moralische Enthemmung. Narzissmus. Psychopathie. Sadismus. Selbstbezogenheit. Übertriebenes Anspruchsdenken.

Das ist die Schicksalhaftigkeit des Charakters.

Nicht nur die Optik, auch die Akustik verrät sehr viel über einen Menschen.

Die Stimme sagt fast noch mehr als das Gesicht. Ist sie ruhig und gelassen, brüchig oder kurzatmig? Merklich höher als sonst? Lautstärke, Tonhöhe, Tempo und Modulation zeigen sehr klar, wie es dem Sprechenden geht. Am besten lassen sich Gefühle lesen, wenn man seinem Gegenüber ausschließlich zuhört, idealerweise mit geschlossenen Augen. Das hat man wissenschaftlich überprüft.

Unternehmen wählen Personal schon jetzt zunehmend mithilfe von Software aus. Künstliche Intelligenz soll anhand der Stimme entscheiden, ob ein Bewerber geeignet ist oder keinesfalls in die Firma passt. Der deutsche Zeitarbeitsvermittler Randstatt arbeitet mit so einem digitalen HR-Psychologen. Die Testpersonen beantworten am Telefon den Fragenkatalog eines Computers. Die Spracherkennungssoftware analysiert alles, was die Bewerber sagen, und zwar auf mehreren Ebenen. Die Daten werden mit den bestehenden Angaben in der Datenbank abgeglichen, unterschiedlich gewichtet und eingeordnet. Alles digitale Mosaiksteine, die am Ende ein penibel bestimmtes und genaues Bild des Menschen zeigen. Die Belastbarkeit, die Persönlichkeit, die berufliche Eignung. Der Algorithmus pfeift auf jede Quote. Am Ende die Empfehlung: Den nehmen wir und keinen anderen.

Das US-Unternehmen *Hirevue* analysiert algorithmisch Videointerviews mit Menschen, die sich für einen Job bewerben. Frage für Frage kann sich der Personalchef durch eine von der Software gebaute Rangliste klicken und einen Großteil der Bewerber sofort aussortieren. Stellt sich nur die Frage, wie lange es dauert, bis jeder Personaler von einer künstlichen Intelligenz ersetzt wird. Das Programm ist genauer und schaut nicht aufs Aussehen. Und selbst wenn, dann nur auf einen mathematisch einwandfreien Look.

Besser also, die Schicksalshaftigkeit unterliegt dem menschlichen Makel und wird nicht übervorteilt von elektronischer Fehlerlosigkeit. Es gibt genug Menschen, die ihre Kraft aus der Aufgabe schöpfen und über sie hinauswachsen. Das ist Lernen am Leben.

Jedenfalls, Hundertprozentiges gibt es nicht. Und man muss sich auch hüten, das alles als hundertprozentiges Dogma in die Welt zu setzen. Aber es zeigt, dass die Schicksalhaftigkeit unseres Gesichtes, unserer Stimme und unseres Charakters bis zu einem gewissen Grad etwas ist, das heranwächst, entsteht. Etwas, das schon von früheren Generationen herrührt und wir teilweise mitbestimmen, ja sogar weitergeben können.

Man sagt, ab fünfzig hat man das Gesicht, das man verdient. Stimmt so nicht. Wir tragen unser Schicksal im Gesicht, an dem schon frühere Generationen einen Anteil haben, unsere Mütter und Väter und wir selbstverständlich auch. Das Gesicht ist ein Spiegel des Schicksals, und die Zukunft wird das umdrehen: Unser Gesicht wird unser Schicksal sein.

Schicksalhafte Gedanken

Gedanken werden Schicksale, sie materialisieren sich aus der Energie der Vorstellung in der Matrix der Menschheit. Im Talmud, der Sammlung der Gesetze und religiösen Überlieferungen des Judentums nach der Babylonischen Gefangenschaft, sollen fünf Sätze als Gesetze stehen:

Achte auf deine Gedanken, denn sie werden Worte.
Achte auf deine Worte, denn sie werden Handlungen.
Achte auf deine Handlungen, denn sie werden
Gewohnheiten.
Achte auf deine Gewohnheiten, denn sie werden dein
Charakter.
Achte auf deinen Charakter, denn er wird dein
Schicksal.

Charles Reade, der im 19. Jahrhundert gelebt und die Kette der Weisheit verbreitet hat, brachte das zu Papier. Viele Menschen halten sich daran und wissen: Gedanken sind keine Luftgebilde. Imaginäre Schlieren, die durch die grauen Zellen geistern und danach wieder verschwinden. Gedanken sind keine Luftschlösser. Im Gegenteil, sie sind biochemische Vorgänge, die in ihrer Feinstofflichkeit entstehen und sich in der Feststofflichkeit niederschlagen.

Wenn Sie denken: Ich hole mir ein Glas Wasser. Dazu die Gewissheit: Gute Idee, weil ich habe Durst. Dann stehen Sie auf, nehmen ein Glas aus der Vitrine und füllen es mit Wasser. Voilà! Der Gedanke hat sich manifestiert. Er ist gewissermaßen wirklich geworden.

Weitergedacht bedeutet das, dass Gedanken tatsächlich an der Entstehung des Schicksals beteiligt sind. Gedanken entscheiden sogar darüber, ob ein Schicksal unabwendbar oder doch veränderbar ist.

Nimmt man an, dass alles vorgegeben ist und man selbst nichts dazu beitragen könne, trägt man auch nichts dazu bei. Gibt es allerdings einen Gedanken, der sich damit beschäftigt, dasselbe Schicksal nicht als unveränderbar, sondern als Schicksal anzuerkennen, das man in die Hand nehmen kann, das man bis zu einem gewissen Grad beeinflussen, gestalten oder gar abwenden kann, dann war der Gedanke am Anfang dafür ausschlaggebend. Aus dem Gedanken wurden Worte, Handlungen ... und daraus irgendwann Schicksal.

Der Lauf der Dinge ist nicht immer in Stein gemeißelt. Nicht jedes Schicksal ist apodiktisch in seiner Ausrichtung. Viele Schicksale sind formbar. Wie beim Bleigießen, wenn das Blei noch flüssig ist und nicht feststeht, wie die Figur ausschaut, nachdem man kaltes Wasser darübergeschüttet hat. Gedanken können das Bleigießen des Lebens steuern.

Denken ist immer elektrisch. Und elektronisch. Strom und Weiterleitung. Energie im Fluss. Damit könnte man Gedanken speichern, und es wäre auch eine Gedankenübertragung möglich.

Telepathie ist denkbar. Sollte sie oder Ähnliches wirklich existieren, etwas, das das Energiepaket eines Gedankens umschreiben und speichern kann, dann wäre das ein Hinweis darauf, dass wir in diesem Kosmos mit unserer Energie erhalten bleiben. Dass wir mit dem Tod nicht verschwinden, sondern uns nur verwandeln.

Forschern gelang es 2014 in einem Experiment, einfache Gedanken via EEG in binäre Signale umzuwandeln. Diese Signale wurden über das Internet von Indien nach Frankreich geschickt. In Frankreich angekommen, wurde das Signal mittels transkranieller Magnetstimulation in das Gehirn eines Versuchsteilnehmers übertragen. Der Proband konnte dann am Rande seines Blickfelds Lichtblitze wahrnehmen und so die empfangene Botschaft begreifen, als Binärcode, also Nullen und Einsen.

Grundfrage des Experiments: Ist es möglich, dass zwei Menschen durch Auslesen und Implementieren der Gehirnaktivität direkt kommunizieren können? Ja. Weder gehört noch gesehen, sondern gedacht, transferiert und verstanden. Das Telepathie-Experiment ist mithilfe moderner Technik gelungen.

Denken wir darüber nach. Wie unsere Gedanken Wellen und Energien bleiben.

Anfang 2019 hat die Forschung Gehirnwellen in Worte umgewandelt. Dabei geht es auch ums Gedankenlesen, um die enormen Fortschritte der Forschung. Signale werden aus dem Hörzentrum des Gehirns in Sprache übertragen.

Dabei wird ein Spracherzeugungs-System, ein sogenannter Vocoder, mit einem künstlichen neuronalen Netzwerk verbunden, um so die Hirnsignale in gesprochene Sprache zu verwandeln. Anhand von fünf Epilepsiepatienten fand der Versuch statt.

Im Vorfeld wurde das Spracherzeugungssystem mit Informationen gespeist, ähnlich wie Siri von *Apple*. Danach nutzten die Forscher ein Netzwerk aus künstlichen Neuronen, um den Sound zu checken und aufzubereiten.

Das Ergebnis war eine roboterhaft klingende Stimme, die Ziffern von Null bis Neun sprach. Die Wissenschaftler spielten die Ergebnisse, die aus den Hirnsignalen der fünf Epilepsie-Patienten gewonnen worden waren, elf Testpersonen vor. Sie erkannten nicht nur die gesprochenen Wörter während 75 Prozent der Aufnahmezeit, sondern zu achtzig Prozent auch, ob die sprechende Person männlich oder weiblich war.

Gedanken werden Worte, und Worte werden Taten. Gewohnheiten definieren den Charakter, und der Charakter bestimmt letzten Endes das Schicksal.

»Hey, Siri! Gibt es Telepathie?«

Siri zitiert Wikipedia: »Telepathie ist eine von Frederic W. H. Myers geprägte Bezeichnung für eine manchen Menschen zugeschriebene Fähigkeit, Gedanken, Antriebe, Empfindungen oder Gefühle in einer Art Fernwirkung von sich auf eine andere Person oder von einer anderen Person auf sich zu übertragen. Mitunter als Gedankenlesen oder Gedankenübertragung bezeichnet.«

»Hey Siri! Was denke ich gerade?«

Siri: »Du hast überlegt, was du mich fragen könntest.«

»Na ja, danke.«

Der nächste Schritt ist die Computersteuerung durch Gehirnwellen. Ein weiterer Hinweis darauf, dass Gedanken Energie sind. Forscher experimentieren erfolgreich mit BCI, kurz für Brain-Computer-Interface, und zwar geht es um das direkte Steuern von Programmen durch kognitive Prozesse. Unter anderem können auf diese Art Probanden eines Versuchs des *New York State Department of Health*, der *State University of New York* in Albany sowie dem Laboratory of Brain-Computer Interfaces der *TU Graz*, mithilfe des EEGs einen Mauscursor nach einiger Übung präzise bewegen.

Brain-Computer Interfaces

Das ist ein gewaltiger Fortschritt, wenn man bedenkt, dass bisherige Studien mit Tieren und Menschen noch mit implantierten Drähten zur Messung der Hirnströme arbeiteten. Diese Blitzableiter für Gedanken wurden damals als Fremdkörper behandelt und vom Körper abgestoßen, die betreffenden Affen überlebten nur wenige Monate.

Brain-Computer-Interfaces mittels EEG sind in der medizinischen Praxis schon weit verbreitet. Sie helfen unter anderem, dass Schwergelähmte mit der Außenwelt kommunizieren können. Zusätzlich können Behinderte auch ihrer Kreativität Ausdruck verleihen – Stichwort: Brainpainting. Aus Gedanken werden Gemälde. Denken bringt Kunst hervor.

EEG ist zudem in der Militärtechnologie im Einsatz, in welcher Form und in welchem Ausmaß, ist nur sehr bedingt bekannt. Die Forschung unterliegt höchster Geheimhaltung und dient, wie es so schön heißt, der nationalen Sicherheit. Gesichert ist: Seit Jahren gibt es Versuchsprojekte zur sogenannten »körperlosen Steuerung« von Kampfjets, und zwar bei extremen Beschleunigungs-Belastungen. Um schneller reagieren zu können, soll der Pilot das Flugzeug nicht mehr per Fernsteuerung durch einen Joystick steuern, sondern nur mehr durch die Kraft seiner Gedanken. Denk: Rakete abfeuern. Das Militär ist für solche Dinge äußerst aufgeschlossen.

Wie man Geräte mit der Kraft der Gedanken steuert, zeigt sich deutlich am Beispiel von Computerspielen, an der Möglichkeit, Impulse des Gehirns per Headset zu übertragen, also auch mittels EEG-Technologie. Der IBM-Ingenieur Joshua Carr hat das gebastelt. Er kann über Bluetooth mit einer speziellen Software ein Spielzeug steuern: den kleinen Droiden aus Star Wars.

Zu zeigen, dass das alles schon längst funktioniert, war mehr als ein Gag. »Wir befinden uns in einer frühen

Entwicklungsphase«, sagt Carr. »Eines Tages werden wir in einem völlig vernetzten Haus leben. Für mich geht es letztendlich um das Internet meiner Dinge.« Von der Kaffeemaschine und dem Lichtschalter über den Eiskasten und die Heizung bis zum Abendessen und dem vorgeheizten Auto. Erst steuern wir diese Dinge mit Apps, irgendwann mit Brain-Interfaces, die Gedanken in Signale an die jeweiligen Geräte verwandeln.

Wir denken, wir wollen ein Bier, und bringen einen digitalen Prozess in Gang, der dazu führt, das eins auf unserem Tisch steht, von einer Drohne geliefert, und zwar genau die Marke, die wir uns wünschen, weil die Maschine, die hinter dem Prozess steht, uns genauer kennt als wir uns selbst und mit Leichtigkeit sagen kann, welche Marke wir um welche Zeit und in welcher Stimmung bevorzugen.

Wie auch immer die Zukunft aussehen mag: Gedanken sind nicht bloß intrinsische Elektroimpulse. Sie steuern die Außenwelt. Sie rollen dem Schicksal den roten Teppich aus. Sie sind Energie und Energie bleibt erhalten.

Die Welt der Gedanken ist entwickelbar und steuerbar.

Der junge Mensch ist in der Regel noch nicht so sehr durch Denkmuster geprägt wie der ältere. Durch Bewusstheit und bestärkt durch die neuen Erfahrungen können aber auch alte und eingefahrene Denkmuster wieder in Bewegung kommen und sich ändern. Grundsätzlich ist der Mensch lernfähig bis ins höchste Alter. Wenn sie oder er will und es zulässt. Lernen ist Informationstransfer, der beidseitigen Energiefluss voraussetzt. Senden und empfangen. Speichern und verarbeiten.

Die klinische Forschung zeigt: Menschen können lernen, damit umzugehen, sehr wohl auch im fortgeschrittenen Alter. Wir sind uns selbst also nicht schicksalhaft ausgeliefert. Jeder Tag bietet neue Chancen.

Voraussetzung dafür ist die neuronale Plastizität: Die emotionalen Schaltkreise im Gehirn sind auch bei Erwachsenen noch formbar. Aus zweierlei Gründen: Neue Nervenzellen können wachsen. Und Verbindungen zwischen Nervenzellen können aufgebaut, parallel dazu bestehende Verbindungen gestärkt werden.

Das Training des Positiven

Es ist möglich, positiv wirkende Hirnareale programmatisch zu stärken, zu trainieren wie einen Muskel. Oder wie bei einem Mantra, das dem Gehirn etwas Erfreuliches vermittelt. Glück, Hoffnung, Liebe. Weitsicht und Weltoffenheit. Frohsinn und die Aussicht auf ein Morgen in Eintracht und Frieden. Schwingungen bedeuten so viel. Scheinbar nichtige Gedanken bleiben bestehen, sie verpuffen nicht irgendwo in einer Nebelschicht oder lösen sich einfach so auf. Positiv wirkende Hirnareale erzeugen Gefühle der Nachhaltigkeit. Sie verbreiten sich in der Welt. Und schaffen ein Gegengewicht zu den negativen Intentionen.

Die Arbeit an guten Gedanken zahlt sich aus.

All das sind Beispiele, dass Gedanken auch greifbare Auswirkungen haben können.

Gedanken können das Schicksal des Planeten ändern. Gedanken können vielleicht einmal das Schicksal der Zeit optimieren. Gedanken können die Zukunft unserer Kinder bestimmen. Gedanken können Schicksale von schlecht in gut umwandeln.

Gedanken können die Umwelt beeinflussen. Gedanken kommunizieren mit dem Immunsystem. Gedanken verändern die microRNA. Gedanken wirken im Jetzt und für das Morgen, während die Vergangenheit gedanklich die Gegenwart vorbereitet.

Zeitlich ist das ein Kreis. Keine Gerade. Gedanken ziehen ihre Bahnen um die Welt und in den Kosmos hinaus, sie verschwinden nicht einfach. Gedanken sind reine Energie, die Materie wird. In unseren Gedanken bleiben wir im Kosmos erhalten.

Der israelische Verhaltensforscher John Assaraf, Mentalcoach und Bestsellerautor, sagt: »Die meisten Menschen verstehen nicht, dass ein Gedanke eine Frequenz hat. Wir können ihn messen. Wenn Sie einen Gedanken wieder und wieder denken, dann senden Sie fortwährend die Frequenz jenes Gedankens aus.«

Frequenzen. Wellen. Energiefluss von A nach B. Wer einen Gedanken öfter hat und an etwas Bestimmtes denkt, schickt eine Botschaft hinaus.

Gedanken sind jedenfalls immer Energie. Das Pendant zur Materie. Gedanken bleiben im Universum erhalten, mehr noch: Sie werden geparkt. Als lebendiger, wenn auch sehr kleiner Teil des Kosmos. Wer denkt, erzeugt Energie. Denn das Leben ist Elektronenfluss. Und diese Energie bleibt nach dem altbekannten Energieerhaltungssatz nach Ludwig Boltzmann erhalten.

Der kalifornische Autor Michael Beckwith, ein sogenannter New-Thought-Minister sagt: »Schöpfung findet immer statt. Mit jedem Gedanken oder längerem Grübeln tragen wir alle zum Schöpfungsgeschehen bei. Denn aus diesen Gedanken wird sich etwas manifestieren.«

Ähnlich den Gravitationswellen, die unmittelbar nach dem Urknall entstanden und selbst heute immer noch messbar sind, bleiben Gedanken als fliegende Teilchen eines gigantischen Energie-Mosaiks erhalten. Elektrische Wellen, die jedes Lebewesen freisetzt, bewegen sich weiter, leben weiter.

Aus Sicht eines Physiologen ist Denken eine Leistung, die sich aus der Summe elektrischer Impulse im Gehirn ergibt. Jede einzelne der Milliarden Gehirnzellen lädt und entlädt sich elektrisch auf Basis unterschiedlicher Frequenzen. Daraus entstehen Energieimpulse, die man Gehirnwellen nennt und die man im Elektroenzephalogramm, dem EEG, sichtbar machen kann.

Die Elektroenzephalografie gehört zu den nicht-invasiven Verfahren der Neurologie. Über Elektroden werden die elektrischen Spannungsschwankungen der Nervenzellen im Kortex aufgezeichnet – sind also fassbar.

Gedanken werden zu einer wissenschaftlich erfassbaren Größe. Zu etwas Messbarem.

Die Signalübertragung im menschlichen Nervensystem erfolgt sowohl chemisch durch Neurotransmitter als auch elektrisch durch Aktionspotentiale. Ein einzelnes Aktionspotential, beziehungsweise die elektrische Spannung eines einzelnen Neurons wäre zu schwach, um es nicht-invasiv aufzeichnen zu können.

Die Elektroden des EEGs können aber die Summation von synchron verlaufenden Aktionspotentialen erfassen und deren Spannungsschwankungen sichtbar machen. Das Ergebnis sind Wellen, nichts anderes als Hirnströme, die entsprechend ihrer Schwingungen pro Sekunde kategorisiert werden: Alphawellen im Bereich von acht bis zwölf Hertz bilden sich im Zustand der Entspanntheit. Sie produzieren ein wohliges Gefühl und entstehen zum Beispiel, wenn man die Augen schließt. Sie sind optimal fürs Lernen.

Betawellen zwischen zwölf und vierzig Hertz zeigen einen Wachzustand respektive einen Arbeitsmodus des Gehirnscans.

Gammawellen zwischen 38 und 70 Hertz sind ein Zeichen höchster Konzentration, werden selten gemessen.

Thetawellen zwischen sieben und neun Hertz zeigen Ruhe und Entspannung in einer Art Dämmerzustand an, der den Zugang zu Unbewusstem ermöglicht und damit auch für kreatives Denken wichtig ist.

Deltawellen liegen im Frequenzbereich unter vier Hertz und zeigen die Tiefschlafphase an.

Frage an die Forscher: Was genau wird beim EEG, also bei der Elektroenzephalographie gemessen?

Antwort: Die Summe der elektrischen Aktivitäten im Gehirn. Genauer betrachtet werden Schwankungen von Spannungsdifferenzen, die an der Kopfoberfläche angegriffen werden, gemessen, die ihren Ursprung in elektrophysiologischen Prozessen innerhalb der Hirnrinde, dem Kortex, haben.

Biologisch bedingte elektrische Spannungen werden als Potentiale bezeichnet.

Ruhepotential: Das ist das Potential einer ruhenden, nicht aktiven Nervenzelle. Es hat den konstanten Wert von etwa minus neunzig Millivolt.

Aktionspotentiale: Das sind zeitlich beschränkte, charakteristische Abweichungen des Membranpotenzials eines Axons von seinem Ruhepotenzial.

Ursache dafür: Die Leitfähigkeit der Membran erhöht sich – kurzfristig. Der Einstrom kann beginnen. Mit der Rückkehr der Leitfähigkeit beginnt die Rückkehr zum Ruhepotential.

Biologisch gesehen ist das ein Ein- oder Ausstrom von Ionen. Dadurch ändert sich letztlich auch das Ruhemembran-Potential.

Das war jetzt ein bisschen kompliziert, will aber zeigen, dass die Wissenschaft aus der Gedankenwelt kein Mysterium mehr macht. Selbst die Schicksalhaftigkeit des Gedankenflusses, die vor Kurzem noch als esoterisches Konzept galt, ist für sie heute nüchterner Arbeitsgegenstand, den sie klarer und klarer erfasst.

Vor zweitausend Jahren verstand die Wissenschaft noch nicht, wie alle Dinge zusammenhängen. Nur die Herzen wussten es vielleicht schon. Sie ahnten und ahnen noch: Da Energien jenseits von Raum und Zeit vorkommen, wird unsere Lebensenergie vielleicht auch dort geparkt, jenseits von Raum und Zeit.

Im Parkhaus der Ewigkeit.

Jetzt gehen wir gedanklich einen Schritt weiter. Wenn Gedanken Wirklichkeit werden, könnte das auch die transzendente Welt jenseits von Raum und Zeit betreffen. Auch dort reicht unsere Wirklichkeit hin.

Gedanken haben mit Glauben zu tun.

Angenommen, wir glauben fest an etwas. Ist es dann nicht so, dass auch diese Gedanken Realität werden? Vielleicht transzendentale Realität.

Das würde heißen: Wer mit seinen Gedanken an einer transzendentale Welt und an einer Existenz dort drüben festhält, für den wird es sie auch geben.

Nikolaus von Kues, deutscher Philosoph, Theologe und Mathematiker, hat schon im 15. Jahrhundert von der Verschränkung zwischen Erkennendem und Erkannten geschrieben. »Ich sehe, weil die absolute Sicht in mir ist«, formulierte er.

Sehen heißt verstehen. Glauben heißt sehen. Denken heißt glauben.

Das Jenseits öffnet sich dem Gläubigen. Und die Ewigkeit erschließt sich dem Wissenden.

Genauso, wie die evolutionäre Entwicklungsbiologie viele andere Evolutionsinterpretation umschreibt, kann der Wirklichkeitsanspruch der Gedanken den Religionskritiker Ludwig Feuerbach umschreiben: »Die Gedanken an einen Gott werden für den zur Wirklichkeit, der daran festhält.«

Demnach ist die Wirklichkeit subjektiv. Ihre, meine Wirklichkeit ist die jeweils richtige. Wir alle schaffen etwas Schicksalhaftes, das Türen öffnet.

Wir sind Schicksal.

Der US-amerikanische Philosoph und Schriftsteller Prentice Mulford schrieb: »Jeder Ihrer Gedanken ist etwas Reales – eine Kraft.«

Die elfte Frage

Zehn Fragen sind in diesem Buch bisher aufgetaucht. Können wir in unser Schicksal eingreifen? Ja. Werden Gedanken zu Taten und Schicksalen? Ja. Formen Gedanken Gesicht und Stimme? Ja. Ergeben sich Zeiten und Zeitschicksale durch Gedanken? Ja. Entstehen Schicksale schon im

Uterus? Ja. Ist die microRNA ein Schicksalsbote zwischen Außenwelt und Gebärmutter? Ja. Schlagen sich Umweltbelastungen schicksalhaft im Gehirn nieder? Ja. Gestalten Eltern das Schicksal ihrer Kinder noch vor der Zeugung? Ja. Ist die Pubertät die wichtigste Schicksalsperiode unseres Lebens? Ja.

Und nun diese Frage: Können unsere Gedanken auch nach dem Tod wirken? Ja.

Das sind doch gute Nachrichten, oder? Der Tod naht, für uns alle, natürlich, aber er bedeutet noch lange nicht das Ende.

Hier stellt sich eine elfte große Frage: Wenn Gedanken Wirklichkeit werden, was bedeutet das für den Tod?

Es gibt vier unterschiedliche Arten, über die Endlichkeit, über das Schicksal, eines Tages sterben zu müssen, zu denken:

Erstens. Man tröstet sich, dass Gedanken und Taten des Lebens nach dem Tod weiterleben. Sie haben Einfluss auf Charaktere, bilden neue Abzweigungen, Nebenbahnen des Schicksals, neue Kreuzungen oder zeigen Wege, die vorher nicht da waren. Gedanken leben in Kindern weiter, in Freunden, in Büchern, in guten Taten. Gedanken überdauern den Tod. Taten leben in dem weiter, was sie ausgelöst, in einem Menschen verändert haben. Jemand, dem wir geholfen haben, hilft dem nächsten, weil er gelernt hat, wie das geht und wie es sich anfühlt.

Zweitens. Man möchte dem Schicksal entgehen: siehe Silicon Valley. Dort heißt es: Das Altern ist eine Rechenaufgabe – wir werden sie lösen. Möglicherweise, indem sich der Mensch transformiert, sich von seinem Körper und der Geißel des Verfalls löst und seinen Geist in ein Meer aus digitalisierten Bewusstseinsprogrammen hochlädt. Ein Upload in die Cloud der Ewigkeit. Allerdings, und hier sind wir wieder bei der Entwicklungsbiologie: Die Lebenszeit einer Spezies wird bereits in der Embryonalphase festgelegt, um mit der richtigen Lebenszeit die Erhaltung der Art zu gewährleisten.

Drittens. Man fügt sich in das Schicksal, beim Tod in ein schwarzes Loch zu fallen. Ins Nichts.

Viertens. Man fühlt sich als Teil des Kosmos, aus dem man kommt und in dem man nach dem Tod bleibt.

Ich habe Nummer Vier gewählt. Was spricht Sie an? Kreuzen Sie Ihre Lösung an, und schicken Sie eine E-Mail ans Schicksal. Vielleicht kommt ja Post zurück.

Was können wir tun?

Ja, das ist jetzt die Frage: Was können wir tun, um unser eigenes Schicksal in die Hand zu nehmen? Um es trotz vielleicht ungünstiger Prägungen schon vor unserer Zeugung, während des Zeugungsaktes, im Mutterleib oder während unserer Pubertät in neue und bessere Bahnen zu lenken? Was können wir tun, um dem Schicksal der Kinder, die wir planen oder vielleicht schon haben, den richtigen Wink zu geben? Vielleicht auch dem Schicksal unserer Enkel oder anderer Kinder, die uns nahestehen?

Dies hier wäre ein sehr trivialer Ratgeber, wenn ich nun die Empfehlung für Sie parat hätte, vor dem Zeugungsakt abzunehmen, Sport zu betreiben und ihn eher im Winter zu vollziehen als mitten in einer Tropennacht der nächsten Hitzewelle. Und dafür am besten noch nach Dänemark oder Norwegen zu reisen und, nicht zu vergessen, dort die Heizung abzudrehen. Und wenn ich Ihnen versprechen würde, dass Ihre Kinder dann niemals in ihrem Leben eine Diät brauchen werden. Was alle, die sich schon mit diversen Varianten davon abgequält haben, sogar als wundervolles Geschenk des Schicksals an ihre Kinder betrachten würden.

Diese Empfehlung wäre wissenschaftlich vielleicht sogar legitim. Die Übererwärmung von Räumen, ein Phänomen, das die Erfindung der Zentralheizung und die Verrichtung von Arbeit ohne erwärmende körperliche Betätigung mit sich gebracht haben, ist nicht nur für das Klima schlecht, sie ist auch im Hinblick auf die

Reproduktion zumindest fragwürdig und beeinflusst sie wahrscheinlich. Zudem kann der Zeugungsakt gerade aus Sicht eines Gynäkologen und Reproduktionsmediziners vor allem bei Paaren, deren Kinderwunsch schon lange unerfüllt blieb, eine so technische Prozedur sein, dass es dabei auf die Kontrolle der Raumtemperatur auch nicht mehr ankäme.

Ich könnte Ihnen zum Beispiel auch raten: Haben Sie keine Angst vor genetischen Prägungen, bloß weil einigen Ihrer Verwandten ein nur kurzes Leben beschieden war. Richten Sie Ihren Blick besser auf die Liebe. Investieren Sie in eine Beziehung, denn damit können Sie biologische Prozesse auslösen, die Ihnen womöglich mehr Lebenszeit schenken als die beste DNA. Auch das wäre legitim.

Doch so trivial ist das Leben nun einmal nicht. Wir Menschen nehmen am ehesten doch nur jene Ratschläge an, die wir, wenn wir sie hören, innerlich schon als richtig erkannt haben, auch wenn es uns vielleicht noch nicht bewusst war. Ich habe dieses Buch auch geschrieben, um die innere Bereitschaft zu erhöhen, das Leben und seine Zusammenhänge neu zu sehen, bereit für Veränderungen zum Guten zu werden, zur Veränderung des eigenen Schicksals und des Schicksals der Menschheit.

Dennoch: Vieles in diesem Buch hat schon ziemlich konkret gezeigt, wo die Handlungsmöglichkeiten liegen. Was wir selbst tun können. Etwa, wenn es darum geht, was dem künftigen Schicksal des im Mutterleib werdenden

Menschen in guter Weise auf die Sprünge hilft. Oder wenn es um die schicksalhaften Prägungen in der Pubertät geht. Insgesamt, darauf weisen alle neuen Erkenntnisse hin, scheint es so zu sein: Die beste Chance auf ein gutes Schicksal für uns und unsere Kinder haben wir, wenn wir, wie eingangs angedeutet, eins mit uns selbst, mit der Natur und unseren Mitmenschen sind. Ein Faktum, das bisher in dieser Form noch nicht naturwissenschaftlich beweisbar war. Es sind somit uralte Grundregeln für unser Dasein auf diesem Planeten, die das wachsende Wissen über die Anatomie des Schicksals neu bestätigt.

Doch bei all dem scheint mir eine Sache besonders aktuell zu sein. Und zwar sowohl aus Sicht der Gynäkologie und Reproduktionsmedizin, als auch aus Sicht der evolutionären Entwicklungsbiologie und der für uns noch neuen, faszinierenden Welt der microRNAs. Ich meine die besondere Rolle der Frau in unserer Gesellschaft und in Partnerschaften. Eine Rolle, deren Betrachtung aufgrund der beschriebenen Prozesse so heikel geworden ist, dass ein Mann, auch ein Gynäkologe und Reproduktionsmediziner, nahezu Schuldgefühle bekommt, wenn er sie nur erwähnt.

Dennoch soll und muss es gerade ein Gynäkologe und Reproduktionsmediziner sagen: Die derzeit laufende biologische Gleichmacherei der Geschlechter verstößt gegen eine Millionen Jahre alte Verfassung der Natur, und sie kann in ihrer Konsequenz nur fatal sein. Es reicht. Wir müssen damit wieder aufhören.

Ich spreche hier wohlgemerkt nicht darüber, ob Frauen die gleichen Chancen am Arbeitsmarkt haben sollen, für die gleiche Leistung die gleichen Gehälter bekommen sollen, die gleichen Aufstiegschancen vorfinden sollen und in allen anderen Bereichen der menschlichen Interaktion und staatlichen Organisation die gleichen Rechte haben sollen. Dass wir darüber bei Anbruch der Zwanzigerjahre des dritten Jahrtausends überhaupt noch diskutieren müssen, ist beschämend.

Ich spreche vielmehr über jene Gleichmacherei von Mann und Frau, die zuletzt gerne auch unter dem Deckmantel von *#MeToo* daherkam, und die sich in ihren äußersten Zuspitzungen eine künstliche Gebärmutter für Männer wünscht, damit auch sie Kinder bekommen können, und Urinale für Frauen. Sie unterliegt einem zentralen und fundamentalen Irrtum. Denn Männer und Frauen sind nicht gleich und sie werden es niemals sein.

Es lässt sich nicht eindeutig klären, wer oder was den Gleichmachern ihre Ideen in den Kopf gesetzt hat. Ob diese Ideen, gemäß der oben formulierten Hypothese, neurochemische Ursachen in der Überschwemmung unserer Umwelt mit künstlichen Östrogenen und Feinstaub haben. Oder ob sich in einer insgesamt rabiater werdenden Gesellschaft eine Gruppe von Wutbürgern des Gender-Themas bemächtigt hat und nun mit ihren Forderungen und Ansprüchen jedes Maß und Ziel verliert, die Aufmerksamkeit der Medien aber behält.

Diese Gleichmacher übersehen jedenfalls diese eine wesentliche Sache: Die Frau ist für die Evolution wichtiger als der Mann. Die Mutter ist für die Evolution wichtiger als der Vater. Das lässt sich durch die Kampfschreie der Gleichmacher-Trupps vielleicht übertönen, aber niemals wegreden oder widerlegen.

Die liebevolle Zuwendung des Vaters zum Kind ist von enormer, unersetzbarer Bedeutung, aber für die Evolution ist die liebevolle Zuwendung der Mutter zu ihrem Kind noch viel bedeutender. Denn das Kind erfährt seine Mutter schon in den Monaten vor seiner Geburt. Den Vater kann es vielleicht im Hintergrund hören. Doch die Mutter riecht es. Es hört sie. Es schmeckt sie. Es kennt sie bereits, wenn es plötzlich auf die Welt geworfen wird, und das Streicheln und Liebkosen durch die Mutter nach der Geburt und in den folgenden Stunden, Tagen, Wochen und Monaten ist die wohl wichtigste und prägendste Sicherheitserfahrung, die ein neugeborenes Menschenkind machen kann.

Die Gleichmacherei von Mann und Frau ist auch deshalb purer Unfug, weil in jener Millionen Jahre alten Verfassung der Natur zum Beispiel auch steht, dass Frauen als Mütter gegenüber Männern als Väter privilegiert sind. Dreimal in der Nacht aufzustehen und das Kind zu stillen oder zu trösten, das schaffen nicht einmal die fittesten zwanzigjährigen Männer so gut wie Frauen. Denn frisch gebackene Mütter bekommen dank dieser Verfassung auch die nötige Kraft dafür. Die Natur passt ihr Herz-

Kreislauf-System, ihr Stoffwechselsystem und – zum Beispiel durch das Hormon Oxytocin, das beim Umgang mit dem Baby entsteht – auch den Hirnstoffwechsel an die Herausforderungen an.

Der Versuch der Männer, in dieser Situation den Frauen gleich zu sein, wäre im wahrsten Sinne des Wortes vergebliche Liebesmühe. Die Väter bei der Betreuung eines Babys und Kleinkindes den Müttern vollständig gleichzustellen, das wäre etwa so, wie die Mütter zu zwingen, mindestens gleich oft die Getränkekisten oder andere schwere Einkäufe in den dritten Stock oder in den Keller zu schleppen. Es gibt Paare, bei denen die Frauen die schweren Sachen tragen, aber das sind dann doch eher die Ausnahmen.

Wenn das Baby da ist, besteht die Rolle der Väter vielmehr darin, die Frauen zu schützen, zu stärken, zu begleiten und zu bewundern. Frauen, die bereits Kinder haben, stimmen hier viel eher zu als Frauen, die diesen Prozess noch nicht durchlaufen haben. Überhaupt sehen Mütter den Unterschied zwischen Frauen und Männern, zwischen weiblich und männlich, viel eher. »Für mich als Mutter, deren Söhne es trotz aller Angebote immer abgelehnt haben, mit Puppen zu spielen, lässt sich dieser Unterschied nicht wegreden«, sagte erst jüngst eine Journalistin zu mir.

Und nein, das heißt natürlich nicht, dass die Frauen daheim bei den Kindern bleiben müssen, daheim hinter dem Herd. Es heißt aber zum Beispiel, dass es eine gute Regelung ist, wenn Frauen die Zeit, die sie bei ihren Kindern verbringen, bei der Bemessung der Rente als Arbeitszeit angerechnet bekommen. Und es heißt vor allem, dass wir diese von der Verfassung der Natur gegebenen Unterschiede zwischen Mann und Frau wieder vorbehaltlos zur Kenntnis nehmen müssen, sie akzeptieren müssen, wie immer wir dann damit umgehen. Nicht nur im Sinne des Schicksals der Kinder, sondern auch im Sinne des Schicksals beider Geschlechter. Denn kein Parlament, kein Verfassungsrichter, kein Bundespräsident und keine noch so rabiate Bewegung kann diese Verfassung je aushebeln.

Und was ist nun mit den Fröschen, die es schon gibt? Mit uns, den nun einmal schon Geborenen? Bleibt uns nicht mehr, als die Anatomie des Schicksals zu erkennen? Müssen wir sie dann erst recht als gegeben annehmen, als wäre sie von Gott oder dem Zufall verbindlich so gewollt? Was ist mit der Wandelbarkeit des Schicksals? Was haben wir von der Erkenntnis, dass wir über Epigenetik und microRNA, zwei einander überlappende Phänomene, Informationen aus der dunklen Materie, der Umwelt und dem ganzen Kosmos generieren und damit die Informationen unserer DNA ergänzen und überlagern können?

Die Antwort lautet: Der Wandel, er liegt bereits im Erkennen. Im Verstehen. Wir können mit dem neuen Wissen Phänomene besser verstehen, die wir alle in unserem Leben früher oder später beobachten. Um ein Beispiel aus dem Kapitel über die Schicksalsmacht Pubertät zu wählen: Wenn jemand immer gerne am Rand der

Gesellschaft bleibt und sie lieber von außen beobachtet, als im Mittelpunkt zu stehen, wie es viele Künstler tun, oder auch Journalisten, dann muss das nicht von Gott oder vom Zufall gegeben sein. Er oder sie hat vielleicht in der Pubertät die Erfahrung von Ausgrenzung gemacht, die ihn oder sie auf diese Weise geprägt hat.

Oder nehmen wir die die Charaktereigenschaften, die wir regionalen Bevölkerungsgruppen zuschreiben, die sogenannte Mentalität. In einer ländlichen Region, in der es jahrhundertelang selbstständige Bauern gab, die eisern und oftmals stur für ihr Fortkommen kämpften, wirkt die entwicklungsbiologische und epigenetische Bewusstseinsübertragung von einer Generation auf die jeweils nächste anders als in einer Region, in der Grund und Boden einer reichen Adelsfamilie gehörten und die Bauern für sie arbeiteten. Auch dann noch, wenn es in der betreffenden Region kaum noch Bauern gibt und die Menschen längst in Büros in den Ballungszentren arbeiten.

Das Verstehen dieser Dinge verändert unsere Beziehung zu vielem, zu uns selbst, zu anderen Menschen, zu ganzen Menschengruppen. Wir sehen uns und das Wesen Homo sapiens mit neuen Augen. Alles ist veränderlich, alles ist in Bewegung. Wir haben die Freiheit, mitzugestalten. Schicksal relativiert sich. Letztendlich vergrößert dieses Wissen unseren Horizont und unsere Toleranz.

Das bedeutet auch: Der Frosch muss in den Spiegel blicken und dann noch ein paar Schritte weitergehen. Er muss herausfinden, wie er ist, und wie das war damals, bevor und während er entstand. Wenn wir den Weg des Nachforschens gehen, mit dem eben erworbenen Wissen im Hinterkopf, dann wird manches für uns verständlicher. Wenn wir zum Beispiel, um bei den Prägungen der Pubertät zu bleiben, Angst vor neuen Bekanntschaften haben und nur ungern unter Leute gehen – die Recherche unserer Vorgeschichte schafft Klarheit und in der Klarheit liegt Heilung.

Denken wir an den großen Roman *Hundert Jahre Einsamkeit* von Gabriel García Márquez. An die Geschichte jenes Mannes, der die Geschichte seines Geschlechtes anhand eines Textes in Sanskrit nachvollzieht, bis zum Akt seiner Zeugung, um so alles zu erkennen und zu verstehen.

Dort heißt es: »Es war die von Melchiades hundert Jahre vorausgesehene, bis in die belanglosesten Einzelheiten abgefasste Geschichte seines Geschlechtes; in Sanskrit, seiner Muttersprache, hatte er sie niedergeschrieben und die gleichen Verse mit dem Privatschlüssel des Kaiser Augustus, die ungleichen mit dem lazedämonischen Militärschlüssel chiffriert. Gefesselt von dem Fund, las Aureliano mit lauter Stimme, ohne eine Zeile zu überspringen, die gesungenen Enzykliken, die Melchiades persönlich vorgetragen hatte und die in Wirklichkeit die Voraussagen für das Weitere waren. In der Ungeduld, seinen eigenen Ursprung endlich kennen zu lernen, machte Aureliano einen Sprung, als der Wind aufkam, mild, tastend, vom Geflüster uralter Geranien, den er allerdings nicht wahrnahm, weil er in diesem Augenblick die ersten Anzeichen seines Seins, in einem ... Großvater entdeckte, der sich von der Leichtfertigkeit eines betörten Hochlandes mitreißen ließ, auf der Suche nach einer schönen Frau, die er nicht glücklich machen würde. Aureliano erkannte ihn, verfolgte die dunklen Pfade seiner Herkunft und stieß auf den Augenblick seiner eigenen Zeugung ... In dieser Faszination der Erkenntnis der eigenen Herkunft war Aureliano so versunken, dass er auch den zweiten Anrand des Windes nicht merkte, dessen Zyklonengewalten nun bereits Türen und Fenster aus den Angeln rissen, das Dach der Westgalerie abdeckten und die Grundmauern entwurzelten. Der Ort seines Hauses war bereits ein von der Wut des biblischen Taifuns aufgewirbelter, wüster Strudel aus Schutt und Asche, als Aureliano elf Seiten übersprang, um keine Zeit mit allzu bekannten Tatsachen zu verlieren und begann, den Augenblick zu entziffern, den er gerade durchlebte, und er enträtselte ihn, während er ihn erlebte, und sagte sich im Akt des Entzifferns selber die letzte Seite des Pergamentes voraus, als sehe er sich in einem sprechenden Spiegel.«

Der Weg des Verstehens ist auch der Weg der Wandlung. Wir heilen uns selbst und geben die Heilung an unsere Kinder weiter. Denn letztlich ist alles eins in der fein gearbeiteten Anatomie des Schicksals.